MODERN PIANO SCHOOL III

von Axel Kemper-Moll

für Katharina Moll

mein besonderer Dank gilt:

meinen Eltern & Großeltern, meiner Frau Barbara, meiner Tochter Katharina, unseren Lehrern, unseren Schülern, Hans Jörg André, James Culver, Erich Dahlheimer, Gisela Dittrich, Lenka Duranova, Leonie Eckrich, Rolf & Charlotte Fitte, Ralf Fiebelkorn, Heinz Göbel, Ingolf Griebsch, Andreas Guckel, Katja Ilic & Udo, Jochen Kessler, Susanne Mantz, Jürgen & Mária Moll, Michael Nehrkorn, Douglas Nelson, Gudrun Oswald, Stefan Randa, Kris Raykova, Burkhard Rieger, Christof Sänger, Prof. Christoph Spendel, Dogan Tekin, Claude Visbeck, Charles & Ralph Voggenreiter, Philipp Wichmann

DEMOVIDEO / VIDEOS / KONTAKT **www.modern-piano-school.de**

ART-Work
mit besonders herzlichem Dank an **Gisela Dittrich**, Maria Haus
und an **Lenka Duranova / DreAm-pOpArt** / **www.duranova.eu**, die den Büchern Geschichten und eine phantastische Atmosphäre verliehen haben. Zwei der besten Schwarz/ Weiß- & Farbkünstlerinnen der Republik. DANKE!!

Fotos: Axel Kemper-Moll / Ralf Fiebelkorn
Tonstudio: MPS / Axel Kemper-Moll
Layout & Notensatz: Axel Kemper-Moll / Stefan Gey

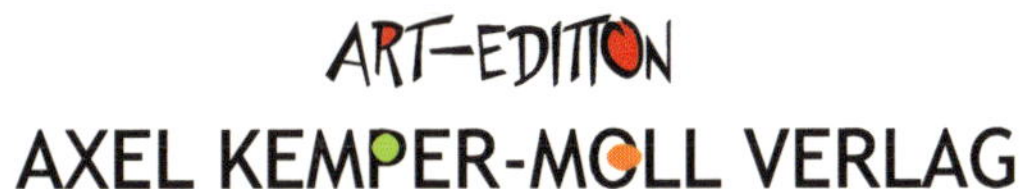

www.modern-piano-school.de
Buch / ISBN: Modern Piano School Band 3: 978-3-947071-04-3 | MPS104
CD / ISBN: Modern Piano School Band 3 (separat): 978-3-947071-05-0 | MPS105

Vorwort

Dieses Buch kann parallel zu Band 2 verwendet werden. Es ist ein neues, modernes KLAVIERBUCH und gleichzeitig eine klassische Klavierschule.
Band III bietet Stücke von hervorragenden Komponisten, die unbeliebte Etüden & Technikhefte ersetzen können, **KLASSIKER REPERTOIRE & SCHULE DER GELÄUFIGKEIT.**

Im modernen Teil: ANLEITUNG ZUM SPIEL NACH AKKORDEN/ SONGBOOKS: JAZZ & POP geht es um Pop-Latin- & Jazz-Piano-Stile, für YouTube-Hits, bis zum Jazzclub & Barpiano, mit Salsa, Bossa, Swing, ... Wichtige Themen sind: Liedbegleitung, One-, Twohand-Voicings typische Begleitmuster, Walkingbass, Improvisation, Skalen und Tonsatz.

Das Buch ist praxisorientiert. Kurze und schnellere Theorieteile, Improvisations-Anleitungen bieten Tipps für Arrangement, Voicings- & Harmonisierung. Grundlegendere Infos s. Jazz & Pop-Harmonielehre / Axel Kemper-Moll (Voggenreiter Verlag).

Man kann im Unterricht oder Selbststudium gerne zwischen klassischem und modernem Teil hin und her wechseln, erfahrene Nutzer/ Lehrer können den modernen Teil auch mit Band II mischen.

HARMONIELEHRE & GEHÖRTRAINING (s. CD separat) können das Musikmachen komplett und sehr positiv verändern. Es geht darum, einen spontanen und direkteren Zugang zur Musik zu bekommen. Wie beim Muttersprachenerwerb (Hören / Nachmachen) kann man so viel lebendigere Musiker*innen erleben.

Ich habe dieses Buch für meine Tochter geschrieben. Es ist allerdings auch sehr gut für Erwachsene geeignet. Die Stücke sind das Beste des klassischen und modernen Klavierrepertoires, in 25 Jahren regelmäßig optimiert durch die Wünsche unserer Leser, Schüler/innen und unsere Arbeit in der Modern-Piano-School.
Wir wünschten uns ein schönes Buch, deshalb stilistisch gemischt + Harmonielehre, ... mit dREAmpOpART, Spielfreude für Jugendliche / Erwachsene, Hörbeispiele & Playalongs. Es handelt sich um eine in Deutschland fair produzierte ART-Edition mit befreundeten Künstlern, die den Büchern Bilder(/Geschichten) und eine phantastische Atmosphäre verliehen haben. Danke!

Es ging darum, die schönste Sammlung klassisch & modern zusammenzustellen.

Als in den 80´ger Jahren viele Tastenschüler nach Keyboards fragten, konnten und wollten wir uns diesem Trend nicht verschließen. Die linke Hand für die Begleitautomatik stumm zu schalten, erschien allerdings ein sehr hoher Preis für das Erlebnis von Sounds & Rhythmusmaschinen. Die bessere Lösung ist die beiliegende CD mit aufwändigen Playbacks, teils auch mit dr, perc, Bass, ... Sie ermöglichen die Simulation der Bandsituation, `Phantasiereisen´ sowie einen erlebnisorientierten Unterricht bei normalem Klavierspiel mit beiden Händen. Schüler und Lehrer*innen finden im Anhang: Übestrategien, Tipps & Methoden (3-händiges Unterrichtskonzept) für Lernen durch Imitation, mehr gemeinsames Musizieren und mehr Freude im Unterricht.

auf CD od. Download:
Hörbeispiele, Studiotracks, Playalongs und Gehörtraining

Infos unter:
www.modern-piano-school.de

Für feedbacks, ... mail an:
kemper-moll@modern-piano-school.de

viel Spaß mit diesem Buch

Axel Kemper-Moll

www.modern-piano-school.de

INHALT Band III

KLASSIK: Repertoire
❍ D-Moll Praeludium (J. S. Bach) 4
❍ D Moll Menuett (J. S. Bach) 5
❍ Für Elise (L. v. Beethoven) 6
❍ Tanz (J. S. Bach) 9
❍ C-Moll Praeludium (J. S. Bach) 10

Dur- & Molltonleitern 12

Spiel nach SONGBOOKS / Akkorden POP/ JAZZ/ LATIN/ SALSA 13

Die Intervalle (Grundton & Quinte als Orientierungspunkte) 14
Fünffingermethode 15
Gehörtraining & Quickcheck 16
Kontext-/ grundtonbezogenes Hören
Der Quintenzirkel 17

Die 7 Dreiklangstypen 18
Akkordzusatztöne 20
Akkordumkehrungen/ Schrägstrichakkorde 21
Übung 22

POP-PIANO / Liedbegleitung mit: Quinten 1 | 5 Sexten & 1 | 7 23
❍ Michael row the Boat ashore-Leadsheet 24
❍ Michael row the Boat ashore/ Lösung 25

❍ And so it goes (Billy Joel) Akkorde 26
❍ **And so it goes (Billy Joel)** 27
❍ Auflockerung der Akkorde/ Verzierungen 28

Guidetonevoicings (V7 -> I) & Untergrenzen 29
Quintfallkadenz mit 3 | 7 Voicings
Voicingstrategien: 1 | 3 | 7, 1 | 7 | 10

JAZZ-PIANO
One Hand-Voicings 30
❍ **Summertime klassisch** 31
❍ **Summertime/Jazz/ Walkingbass** 32
❍ **Summertime / Jazz-Lösungstonsatz** 34
❍ **Summertime / Jazz-Band** 35

Die wichtigsten Improvisationsvorübungen für Jazz- & Pop, One Hand-Voicings/ + Tonleiter 36

Two Hand-Voicings (easy + Grifftabelle) 38

POP & LATIN-Pattern (links) Vorübung 40
❍ **Beautiful Love (V. Young)** 41
❍ Beautiful Love Lösungstonsatz 42
❍ Two-Hand-Latin-Pattern 42

❍ **LATIN-/ MONTUNO-/ SALSA** 42-43
Gängige Auflösungstendenzen 43
Upper Structure 44
Moll 11 44

Two Hand-Voicings: Grifftabelle mit Auflösungstendenzen 45

KLASSIK: Schule der Geläufigkeit 46
Tonleiterspiel, Fingersätze, Phrasierung 47
❍ Inventio No 4 (J. S. Bach) 48
❍ Sonatine G-Dur (M. Clementi) 50
❍ Allegro Burlesco (F. Kuhlau) 53
❍ Inventio No 8 (J. S. Bach) 56
❍ E-Moll Prelude (F. Chopin) 58
❍ H-Moll Walzer (F. Chopin) 60
❍ Rondo a la Turca (W. Amadeus Mozart) 64
❍ Cis-Moll Walzer (F. Chopin) 68

AKKORDFUNKTIONEN KADENZEN & II V I-Verbindungen 72
Hauptfunktionen
7 Stufenakkorde

Kleine Anleitung zur Harmonisierung 72
Weihnachtlieder zum selbst machen! 73
Durchgangsakkorde & Zwischendominanten 74

❍ Stille Nacht 75
❍ Amazing Grace 76
❍ Oh Du fröhliche 77
❍ Morgen kommt der Weihnachtsmann 78

Anhang:
Tipps für den Lehrer, 3-Händiges Konzept/ 80
Übestrategien 82
Problemlösungen 83

GEHÖRTRAINING 16 & 84
CD-Hörbeispiele & Playalongs

Grundtonbezogenes Hören im KONTEXT + Liedanfänge

Gehörtraining in 3 Gruppen
Dissonante Intervalle (b)2, #4, (maj)7, (b)9, #11
Reine Intervalle: 1, 4, 5, 8, 11, 12
Terzen, Sexten, (b)10, (b)13

CD od. Downloadinfos:
www.modern-piano-school.de

Praeludium

Johann Seb. Bach
(1685-1750)

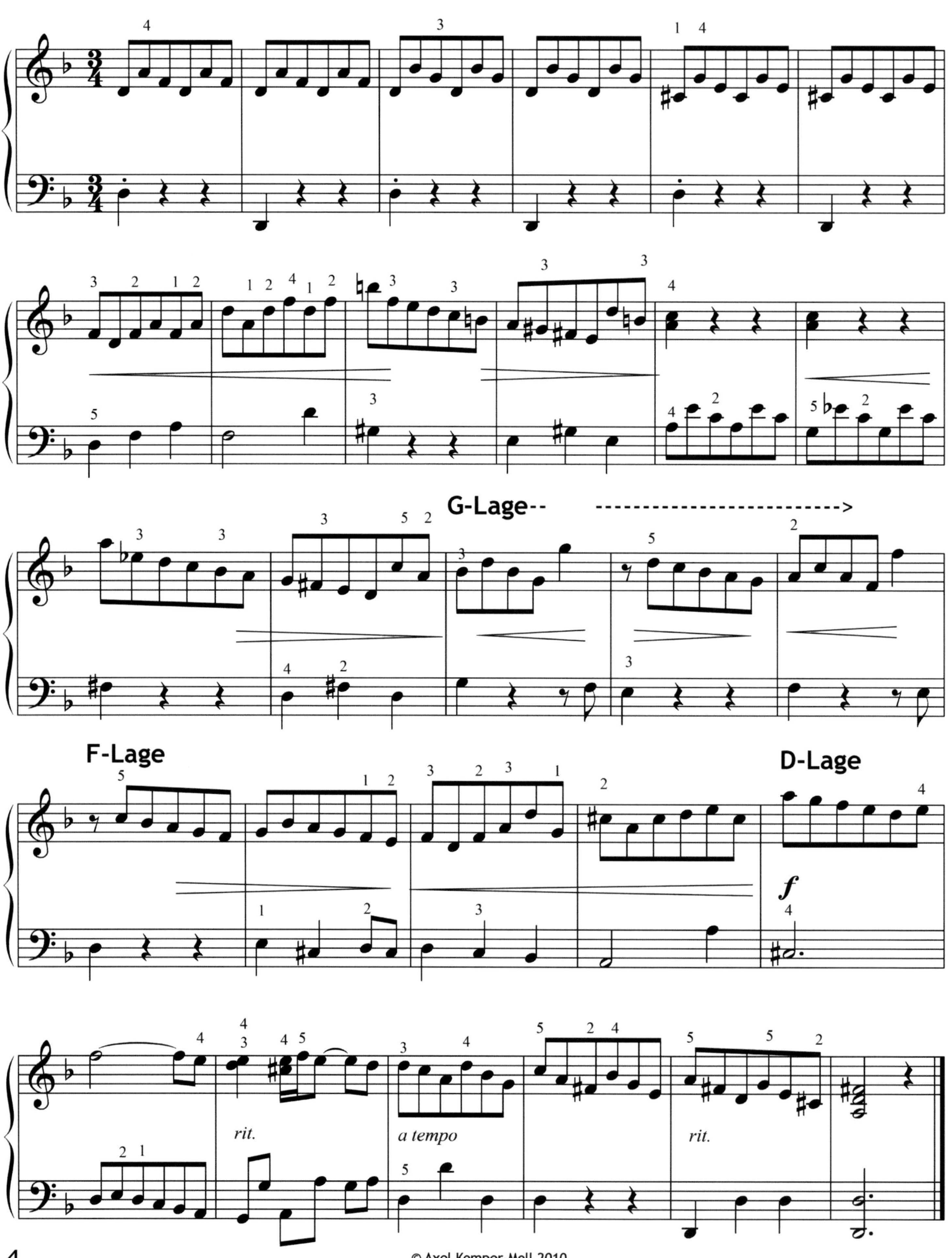

D Moll Menuett

Johann Sebastian Bach
1685-1750

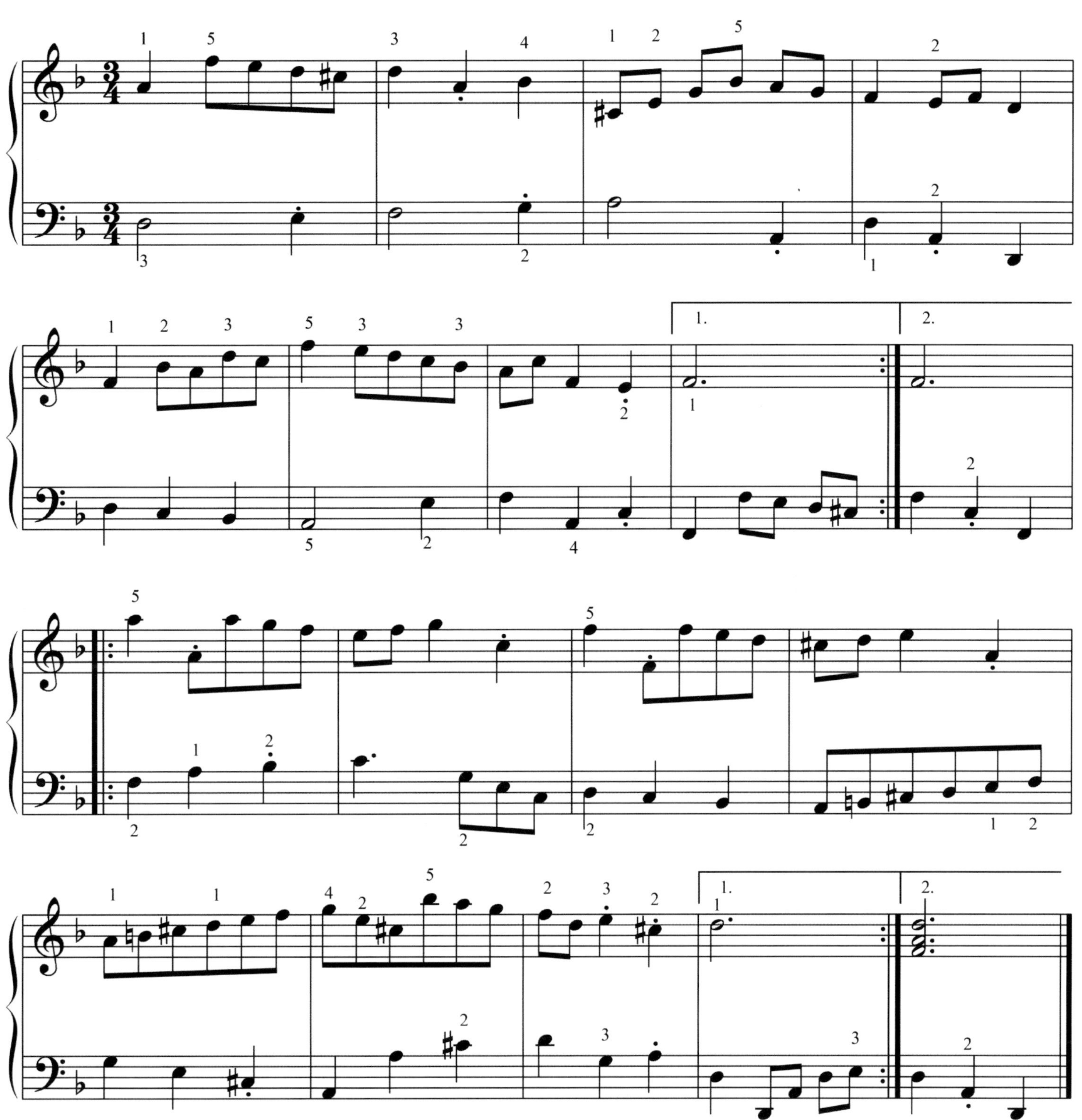

Für Elise (Albumblatt)

L. van Beethoven 1810

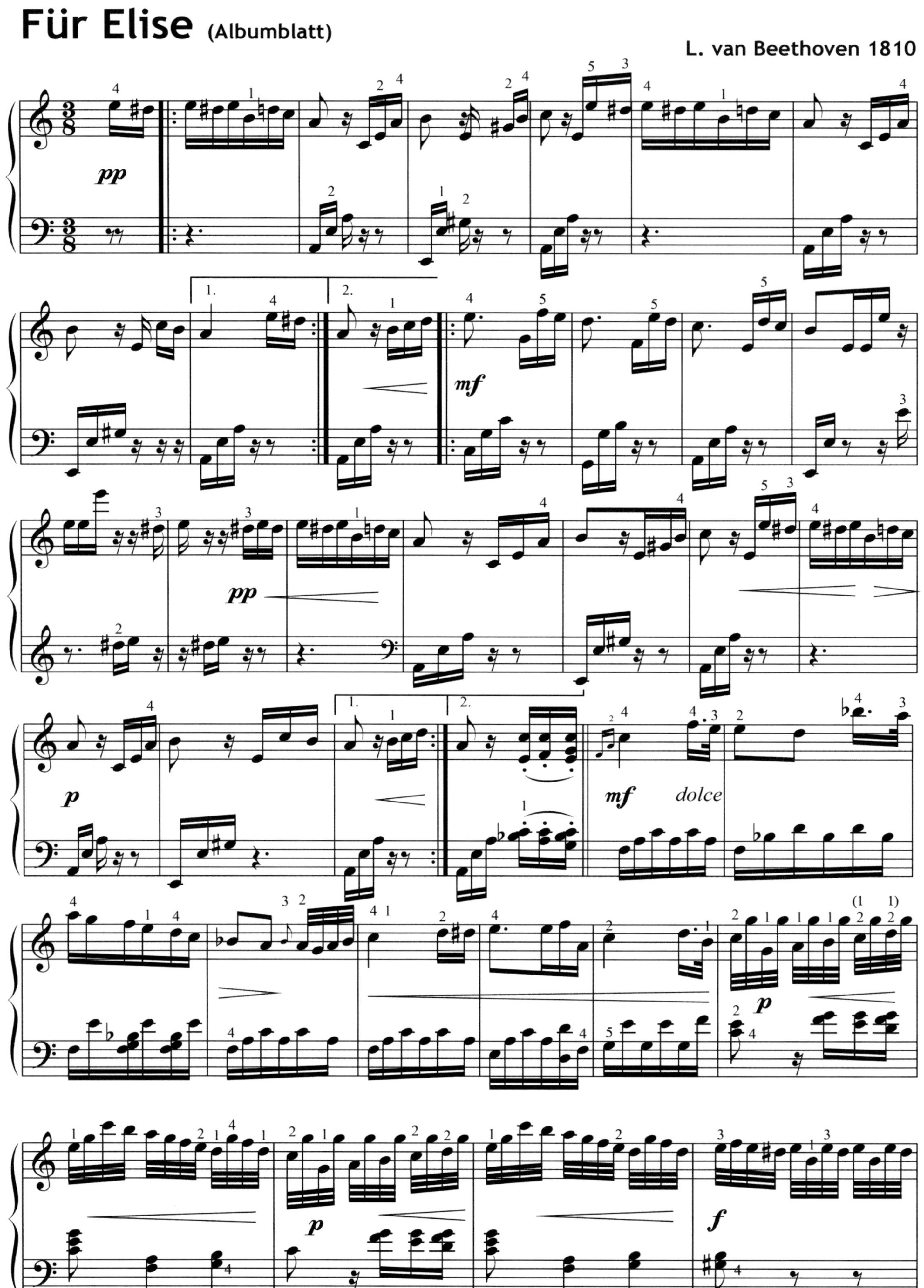

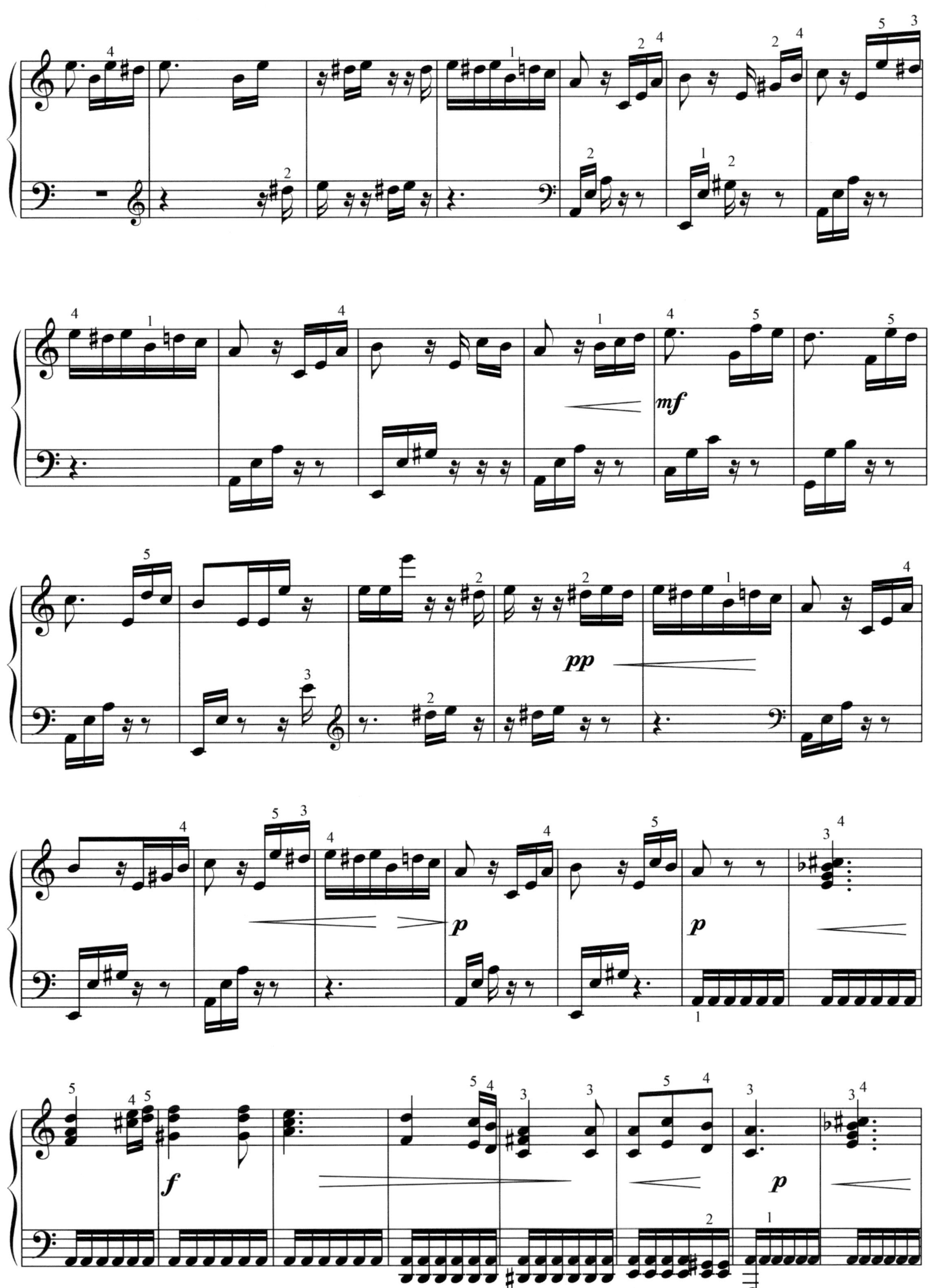

mf
pp
p
p
f
p

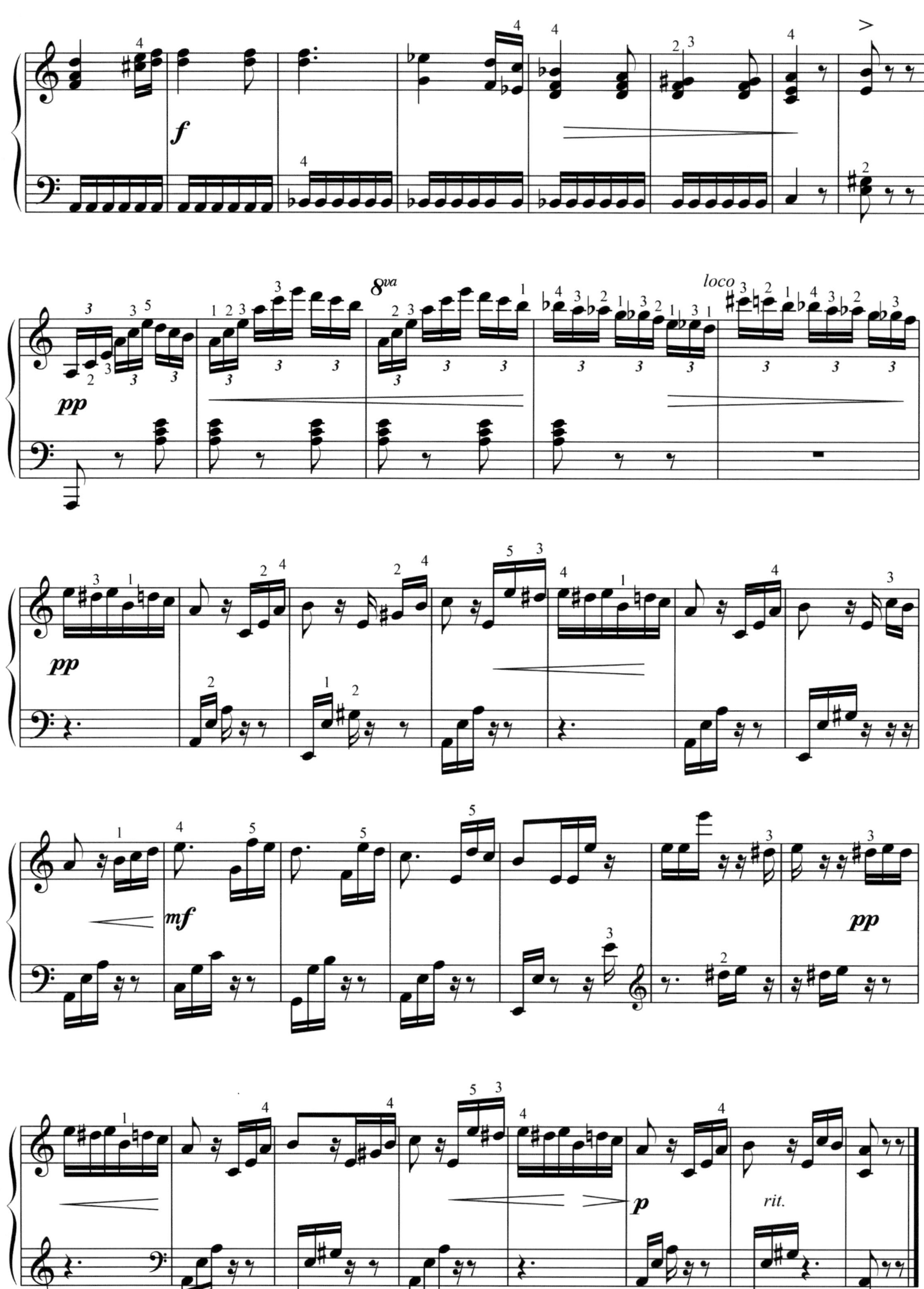
8va
loco
rit.

Tanz

Johann Seb. Bach
(1685-1750)

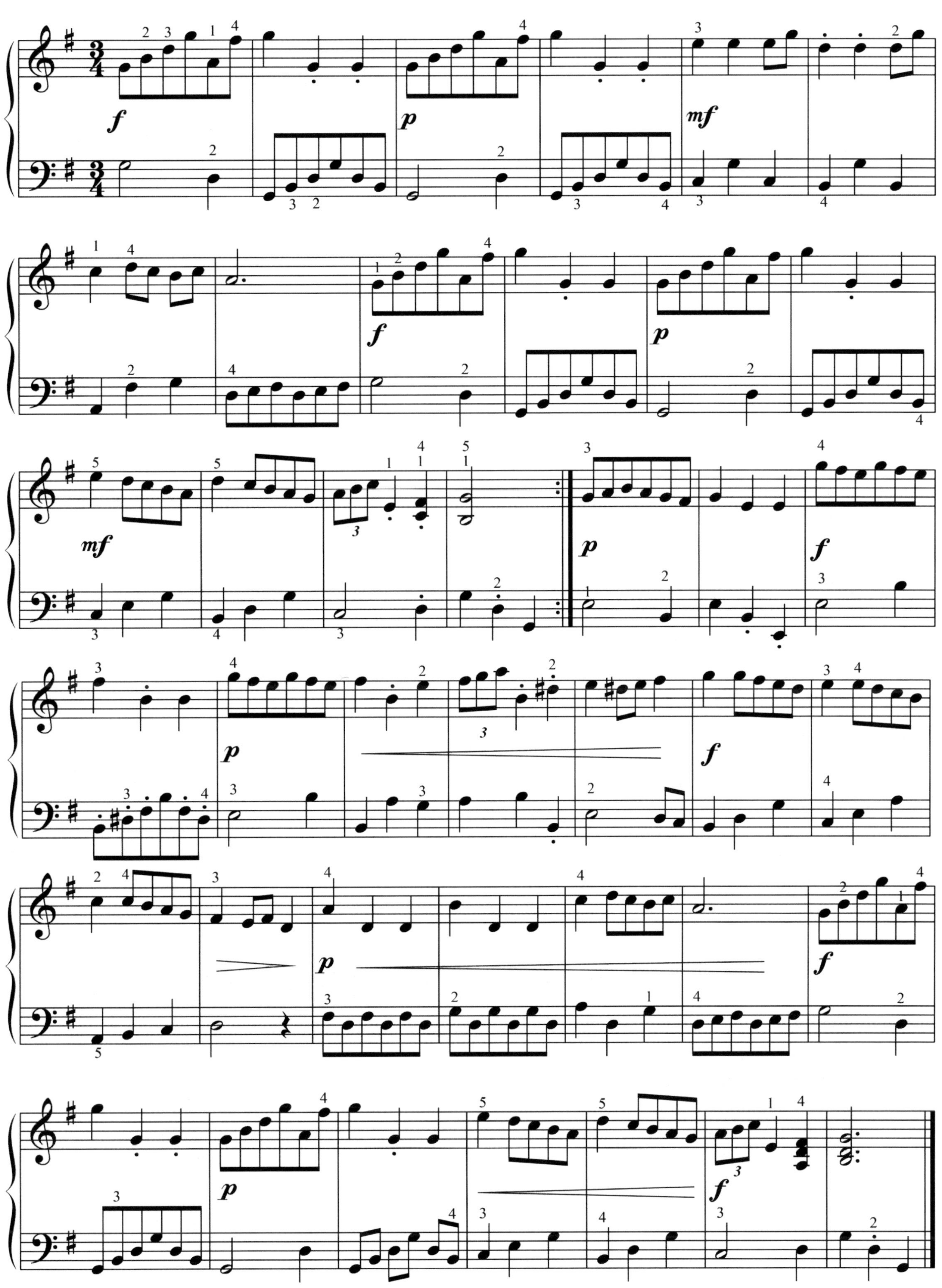

Praeludium C-Moll / pour le luth (für die Laute)

Johann Seb. Bach
(1685-1750)

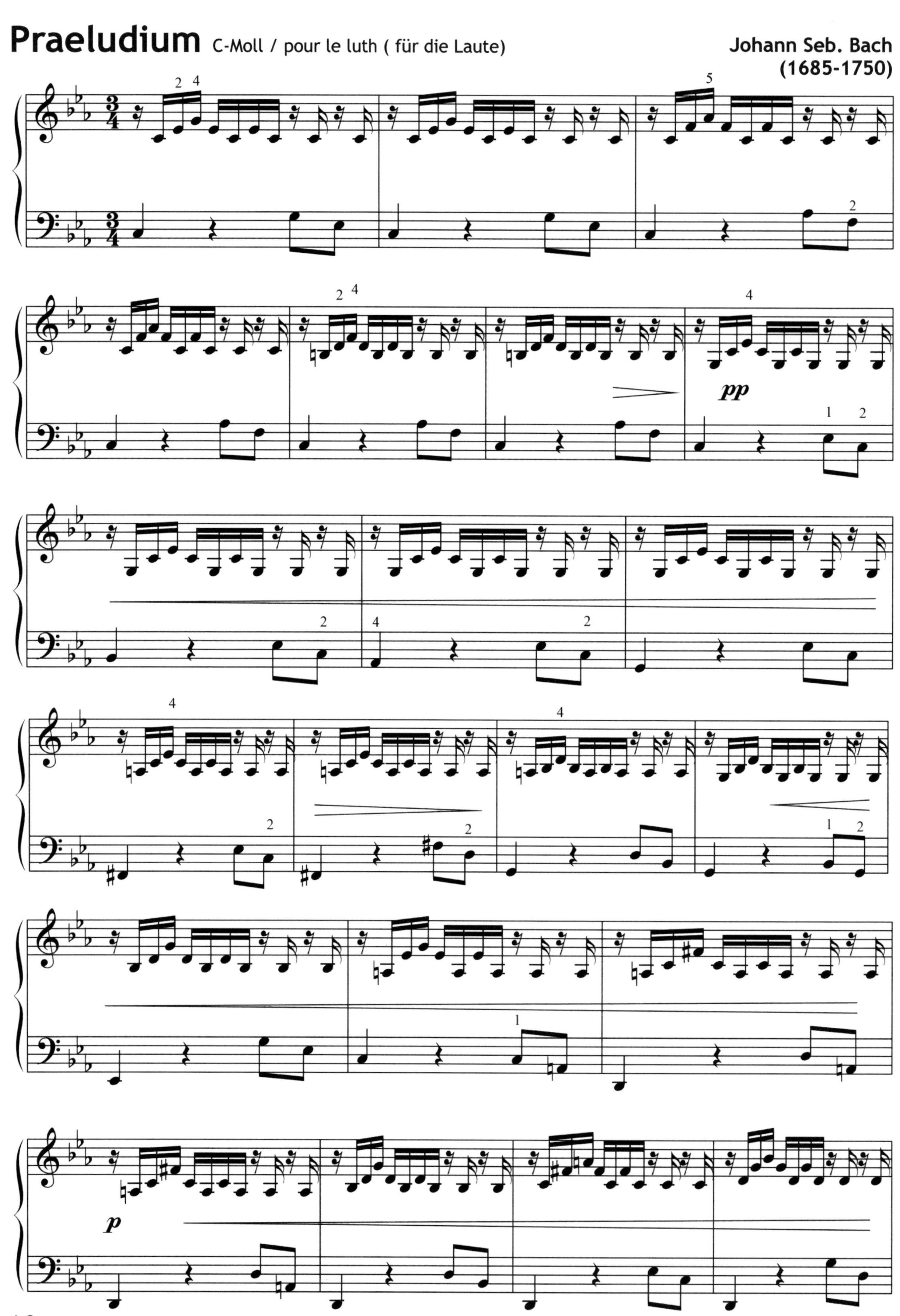

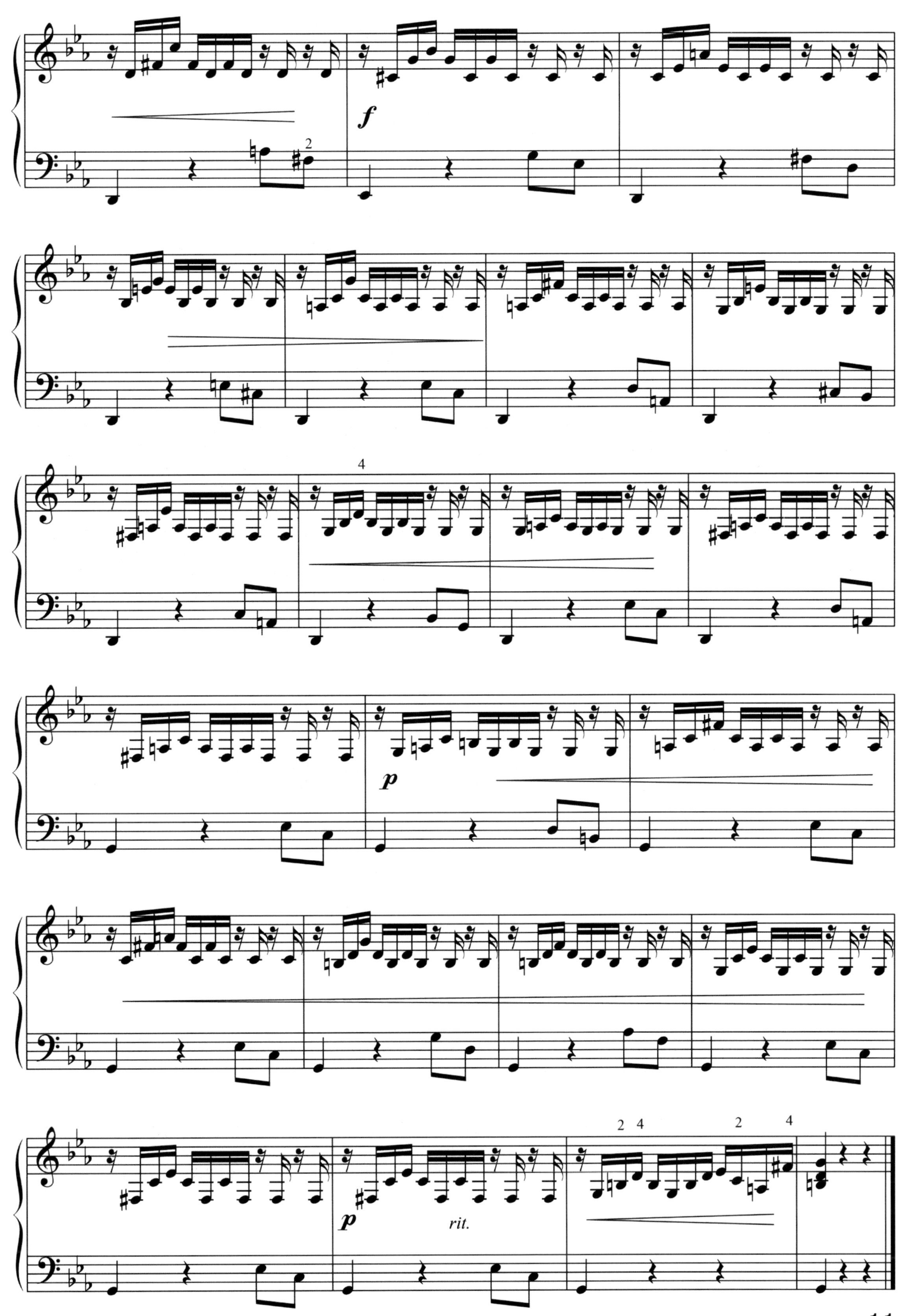

f
p
p
rit.

Die Dur-Tonleiter (Übungen + Fingersätze s. auch S. 36-37 & S. 46)

die C Dur-Tonleiter liegt auf den weißen Tasten. Sie besteht aus Ganz- und Halbtonschritten. Die Halbtonschritte liegen zwischen 3. und 4. sowie 7. und 8. Stufe. Das ist bei allen Dur-Tonleitern so. Z.B. C Dur:

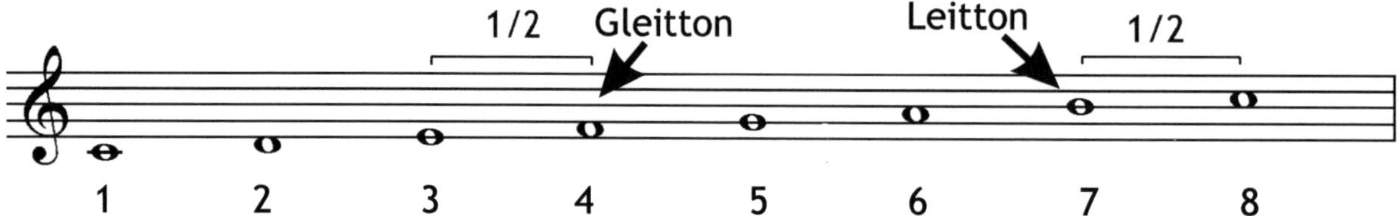

Der Leitton H führt aufwärts zum Grundton, der Gleitton (F) führt abwärts zur 3. Leit- und Gleitton werden auch \`Guidetones´ (Führungstöne) genannt (s. auch Kapitel Guidetone-Voivings S. 29).

Natürliches Moll

C Dur und A Moll sind Paralleltonarten, d.h. sie haben die selben Vorzeichen (keine). Die Mollparallele findet man immer 3 Halbtonschritte unter dem Grundton der Durparallelen. Um eine Durparallele zu finden, muss man vom Grundton einer Molltonleiter drei Halbtonschritte hoch gehen. Die Halbtonschritte sitzen bei der natürlichen Molltonleiter zwischen 2. und 3. sowie 5. und 6. Stufe.

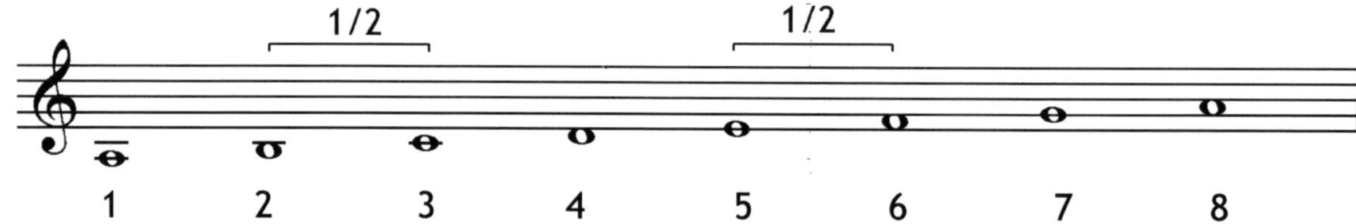

Harmonisches (Arabisches) Moll

Um in Moll einen "künstlichen" Leitton zu bekommen, wurde in der harmonischen Molltonleiter die 7. Stufe erhöht. Ungewöhnlich für westliche Skalen ist der 1 ½ Tonschritt, der zwischen 6. und 7. Stufe entsteht. Die natürliche und die harmonische Molltonleiter sind zunächst die wichtigsten.

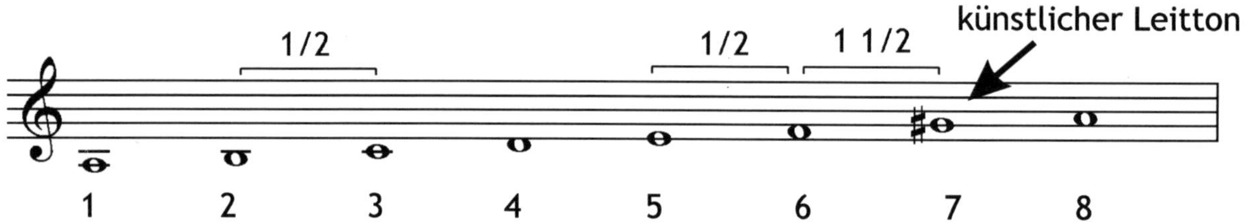

Melodisches Moll

Um den 1 ½ Tonschritt s.o. auszugleichen und den "künstlichen" Leitton zu behalten, wurde in der melodischen Molltonleiter neben der 7. Stufe auch die 6. Stufe erhöht:

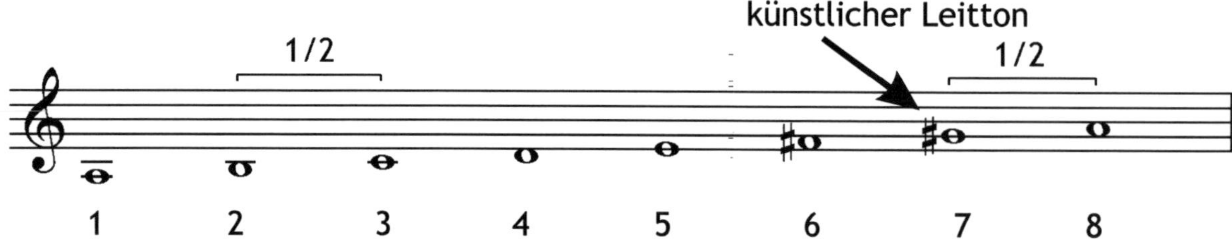

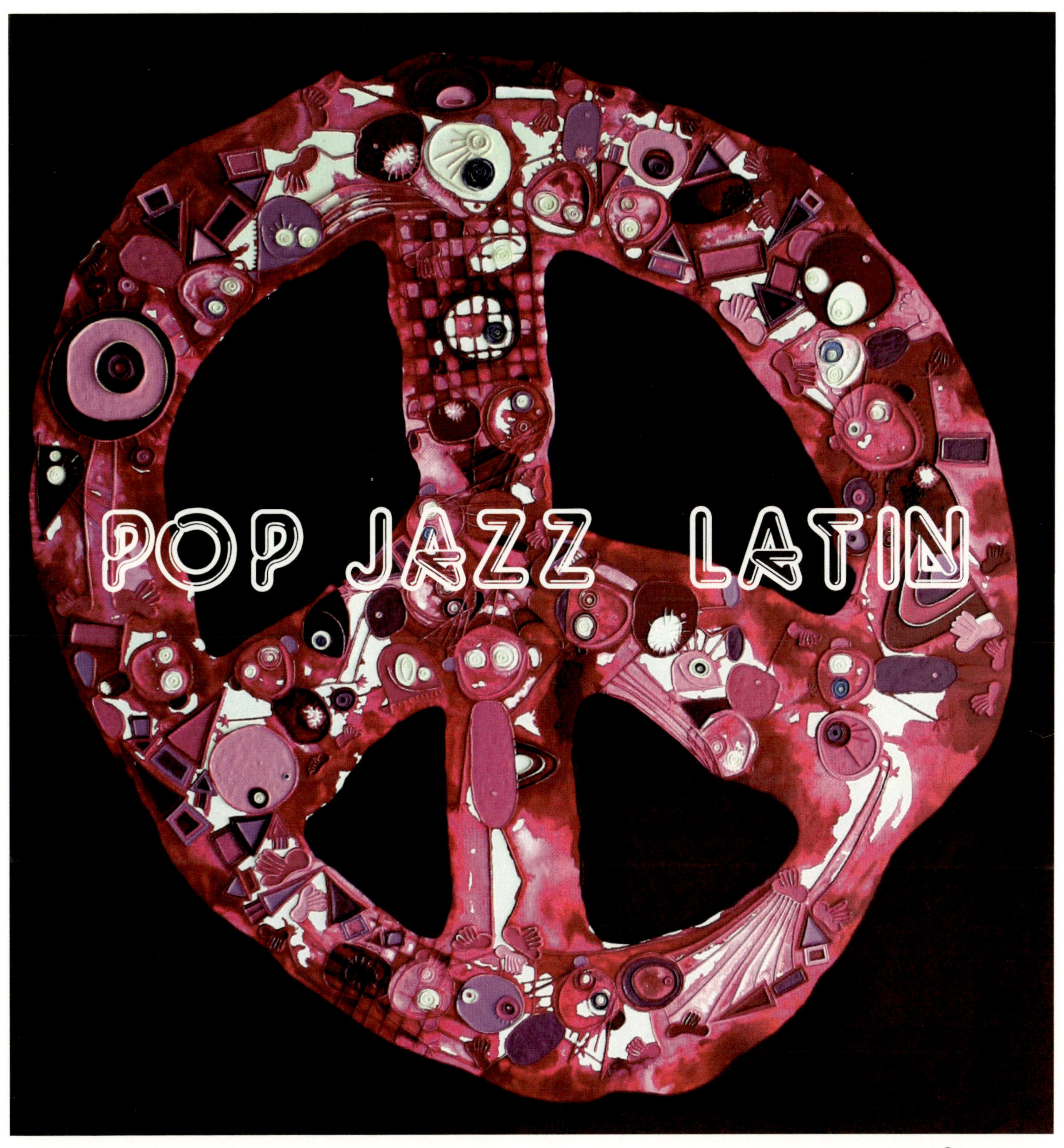

Peace | © Lenka Duranova

Spiel nach SONG BOOKS & AKKORDEN

Die Intervalle
Gehörtrainings- & Quickchecktabelle
Der Quintenzirkel

7 Dreiklangstypen
Akkordzusatztöne
Akkordumkehrungen/ Schrägstrichakkorde

POP: Liedbegleitung mit 1 | 5 & Sexten
Michael row the boat ashore
And so it goes (Billy Joel)

JAZZ & POP: 3/7 Guidetone Voicings
One- & Two- Hand Voicings
Summertime klassisch
Summertime / Swing / WALKINGBASS
Summertime / Swing / BAND

POP/ LATIN / SALSA & MONTUNO
Begleitpattern, Two Hand-Voicings + Grifftabellen
Beautiful Love (Victor Young)

Spiel nach SONGBOOKS & AKKORDEN

(Lese anschließend an die Akkordkapitel auch S. 72-74: Funktionen der Akkorde / 7 Stufenakkorde)

Songbooks sowie Musiker in Jazz-, Rock-, Popbands & Youtube-Songs verwenden üblicherweise Akkordsymbole + Melodie (ohne linke Hand): sogenannte Leadsheets! Die **Leadsheet-Schreibweise** hat folgende Vorteile:

-die Anzahl der Notenseiten halbiert sich (Einzelnotensysteme, keine Doppelsysteme)
-man sollte Voicings (Griffe) und Lefthandpattern kennen um selbst eine linke Hand zu erfinden.
-das Leadsheet deckt verschiedene Spielsituationen ab: Solopiano spielt Alles: Bassfunktion + Akkordarbeit/ Melodie & Improvisation, Trio: Piano: Akkorde + Melodie + Improvisation. Der Bassist entwickelt seine Linie aus den Akkordsymbolen, ... Quartett: beidhändige Akkorde (Melodie evtl. -> Sängerin, + Bassist/in, ...)
-Das Leadsheet ist offen für Improvisation
-Wenn früher Kapellmeister für jeden andere Noten verteilen mußten, so spielen bei Leadsheet-Notation alle aus der gleichen Note.

Um nach Leadsheets spielen zu lernen, müssen wir zunächst einige Harmonielehre-Themen besprechen. Um den Praxisschwerpunkt dieses Buches zu erhalten, sind die Theorie-Kapitel hier kürzer, kompakt und absolut praxisorientiert. **Tiefergehende Erklärungen findest Du in der \`Jazz & Pop-Harmonielehre´ von Axel Kemper-Moll, Voggenreiter-Verlag, Bonn 1999.**

In der Akkordsymbolschrift wird unser H=B genannt und unser B wird Bb (B flat) genannt (internationaler Standard, dem Alphabet folgend).

In der Akkordsymbolschrift kommen Ziffern vor, die sich an den Stufen der Tonleiter orientieren.

Die Intervalle (Tonabstände)

Die Intervalle dienen zur Beschreibung der Akkorde und aller möglichen musikalischen Zusammenhänge. In der klassischen Harmonielehre werden 5 verschiedene Adjektive (groß, klein, rein, vermindert und übermäßig) verwendet um die Intervalle zu beschreiben. Weitere Informationen s.: **\`Jazz & Pop-Harmonielehre´ von Axel Kemper-Moll**, Voggenreiter-Verlag, Bonn 1999. Ein mögliches Reformmodell ist, sich an die internationalen Standards der Akkordsymbolschrift zu halten (keine Adjektive zu verwenden). Die Übermäßige Quinte heißt dann z.B. #5. Die Intervallbezeichnungen in der Akkordsymbolschrift leiten sich klassisch von den Stufen der Durtonleiter ab, international von der mixolydischen Tonleiter (Dur mit kleiner 7). Mit Orientierungspunkten geht es ohne vorherige Tonleiterbildung einfacher: **Die Orientierungspunkte sind Grundton, 5 (Quinte), die 8 (Oktave) und nochmal die 5 oberhalb der 8. Zur Bestimmung des Orientierungspunktes 5 s. Fünffingermethode (S. 15).**

Orientierungspunkte:

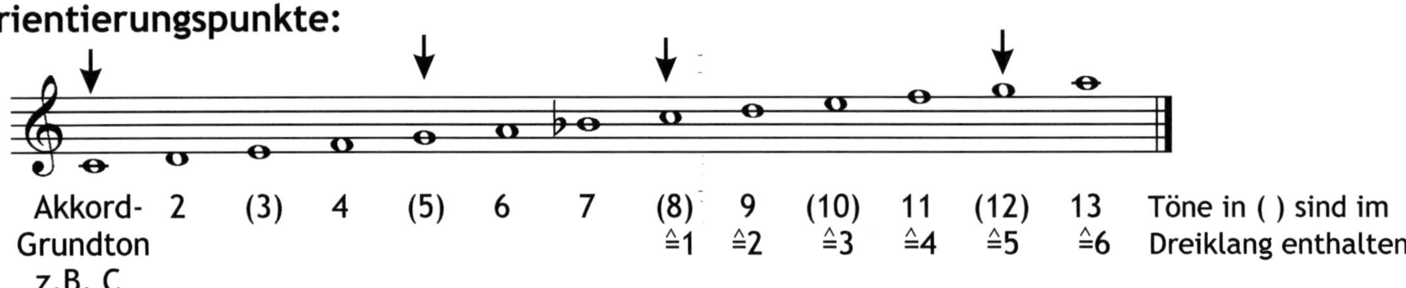

Die Akkord-Zusatztöne (2, 4, 6, 7, 9, 11 und 13) liegen einen Ganzton (GT) neben Quinte od. Grundton/ Oktave und können von diesen Orientierungspunkten abgeleitet werden. Wenn ein Intervall ohne Vorzeichen (oder maj s. S.15) erscheint, so ist es immer einen GT vom Orientierungspunkt entfernt. Die 2 z.B. liegt einen GT über dem Grundton, die 4 einen GT unter der 5, die 6 einen GT über der 5, die 7 einen GT unter der 8, die 9 einen GT über der 8, die 11 einen GT unter der 5 und die 13 einen GT über der 5. In Klammern die Dreiklangstöne: 3, 5, 8, 10 & 12 (keine Akkord-Zusatztöne).

Für die Zusatztöne werden folgende (Vor)Zeichen/ Zusätze verwendet: b, # & maj7

z.B. C´->Des´´ = b9 und C´ -> Dis´´ = #9

AUSNAHME: Bei der 7 arbeitet man in der Akkordsymbolschrift nicht mit Vorzeichen/ b od. #. Die große 7 (HT unter der Oktave) wird `maj7´ genannt, während die kleine 7: "7" heißt.

Ausnahme 7
im Akkordsymbol ohne Vorzeichen!!

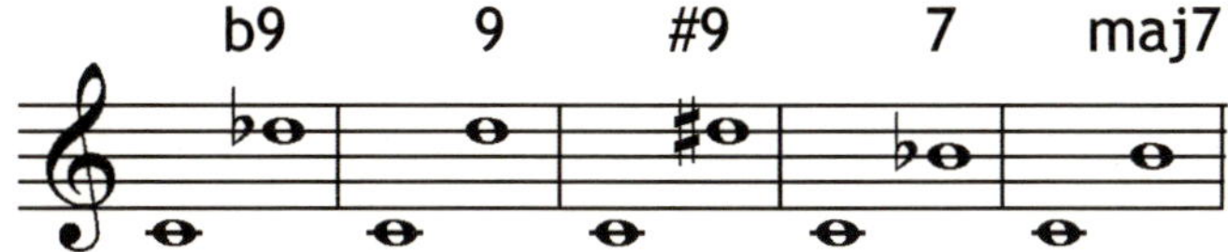

Selten findet man auch „+" für = „#", aug = #5, „-" = m od. „b"
Sonderfälle: o7 = verm7mb5 & ø7= m7b5 (s. S. 21)

Es reicht für die folgenden Stücke zunächst aus, die Intervalle bis zur 9 (None) zu lernen.
Die klassischen Bezeichnungen müssen hier zunächst nicht verwendet werden (Prime, Sekunde, Terz, Quarte, Quinte, Sexte, Septime, Oktave, None, Dezime, Undezime, Duodezime, Tredezime). Ihr findet sie allerdings in der Tabelle s. folgende Seite).
Bei der Ableitung von den Stufen der Durtonleiter mussten die Schüler früher zunächst alle 12 Durtonleitern + die korrekte Verwendung der 5 Adjektive (groß, klein, rein, vermindert, übermäßig) lernen sowie den Quintenzirkel, folgendes Kapitel).
Durch Verwendung der Orientierungspunkte (GT-Abstand von Oktave od. Quinte) geht es ohne die 5 Adjektive und ohne Bildung der Tonleiter wesentlich einfacher.

Fünffingermethode & schnelle Intervallbestimmung

Man kann fast alle Intervalle (bis auf die 3) von Grundton/ 8 & 5 ableiten (s. Tabelle auf der folgenden Seite).
Die 5 (reine Quinte) ist das Rahmenintervall der meisten Dreiklänge.
Eine 5 findet man auf den weißen Tasten immer, indem man 5 Finger nebeneinander legt. (Ausnahme H -> F)

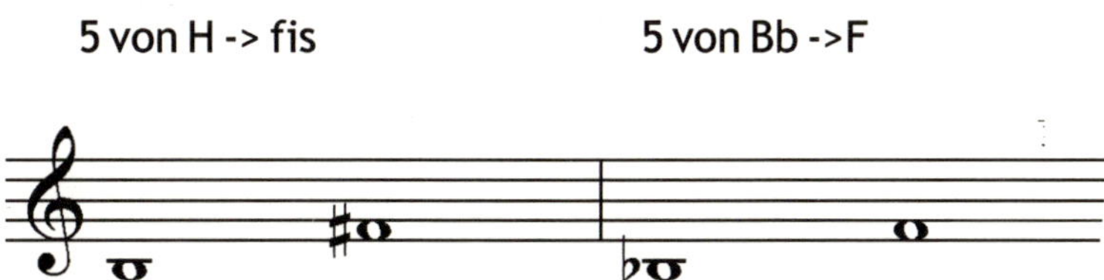

Sucht man eine 5 von einer schwarzen Taste aus z.B. von As, bilde die 5 von der darunter liegenden weißen Taste (lege fünf Finger nebeneinander z.B. G -> D), und verschiebt dann beide Töne um eine Taste: As -> Es.

Lerne die Entsprechungen (Analogintervalle: 9≙2, 11≙4 und 13≙6) auswendig
Leite 4(11) & 6(13) von der Quinte ab: 4(11) = Ganzton unter der 5 und 6(13) = GT über der 5
Leite 7 & 9 von der Oktave ab: 7 = GT unter der 8 & 9 = GT über der 8
(für Halbtonabstände braucht es: b, # & maj, ... s.o.)

GEHÖRTRAINING

14 - 48 (empfohlen!)

kann das MUSIK MACHEN lebendiger machen, grundlegend & positiv verändern. Übungen: HÖRE CD! Die folgende Tabelle hilft, Intervalle nach Gehör und schneller zu erkennen. Man arbeitet im kontext- & grundtonbezogenen Hören weniger mit Liedanfängen und eher mit Auflösungstendenzen in Richtung 5 od. 8. Fast alle Intervalle lassen sich so von der 8 (1) & der 5 ableiten. Nur im Nahbereich bis zur Terz sollte man Halbtonschritte abzählen. Die klassische Bezeichnung muss hier nicht gelernt werden. **2, 4, 6, 7, 9, 11 od. 13 sind immer einen Ganzton (2 HT-Schritte) von 5 od. 8 entfernt. Sus2 & sus 4 bedeutet: kann als Vorhalt -> 3 wirken, s. folgendes Dreiklangskapitel (Akkordfunktionen s. S. 72!). Übe in 3 Gruppen: r=reine / hohe Verschmelzung, d=dissonante Intervalle, t=Terzen, Sexten, Dezimen (CD 36-42)**

	Bezeichnung	Hörcheck	Quickcheck
→ r	1 reine Prime	Grundton, tonales Zentrum, stabil, „zuhause"	Orientierungspunkt
d	**b2 kleine Sekunde**	**Leittoneffekt, dicht**	1 HT-Schritt
d	**2 (sus2) gr. Sekunde**	**Tonleiteranf, (dicht) Yesterday**	**2 HT-Schritte**
t	b3 (m, -) kl. Terz	Kuckuck, Hey Jude , Blues b3 -> 1	3 HT-Schritte
t	3 große Terz	Durakk, Rock around, Schneeflöckchen, Swing low	4 HT-Schritte
r	**4 (sus4) reine Quarte**	**Feuerwehr, kleine Nachtmusik, Blues: 4 b3 1** **Hit the road Jack** (Don´t you come) 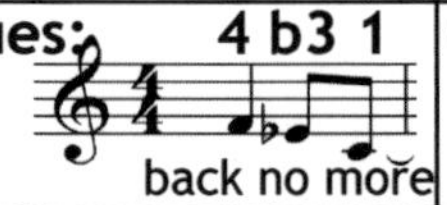 back no more **(od. singe: 4 -> 5 -> 8)**	**Quinte -2**
d	**#4 Tritonus, übermäßige Quarte b5 verm. Quinte**	**beide Töne haben Auflösungstendenz: HT-> außen oder innen. (V7, Erklärung s. Guidetones- S.29 & Harmonisierungs-Kapitel S.73) „Maria": 1 #4 -> 5**	**Quinte -1**
→ r	5 reine Quinte	**„Sprungbrett"** 5 springt den Grundton an, singe: 5 -> 8 (od. 5 -> 1) hoher Verschmelzungsgrad mit dem Grundton, Akkord singen, archaisch, Jesusfilm	Fünffinger-Methode s.S.15 Orientierungspunkt
t	**b6 kleine Sexte**	**Lovestory od.singe: b6 -> 5 -> 8 (Grundton)**	**Quinte +1**
t	**6 große Sexte**	**Nobody knows the trouble I´ve seen, Ballade pour Adeline, od. singe: 6 -> 5 -> 8**	**Quinte +2**
d	**7 kl. Septime traditionell** 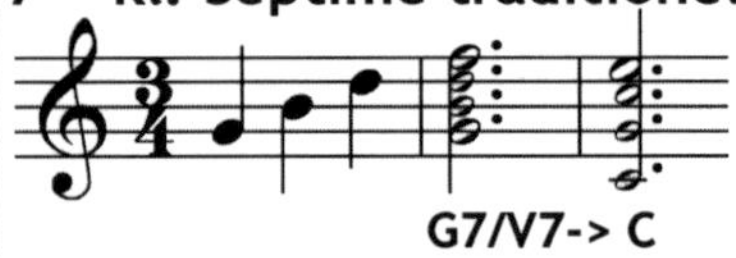 G7/V7-> C	**Traditionell:nur oberer Ton (Gleitton) hat Auflösungstendenz 1/2 Ton -> unten (s. links)** 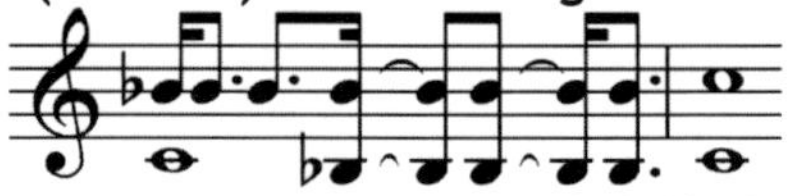 **-> oben s. rechts** **„wie Funkgit. unter Wasser" 7 -> 8 „über Wasser" (CD24&48)**	**Grdton/ Oktave -2**
d	**maj7, △7 große Septime**	**schrill, oberer Ton hat Auflösungstendenz 1/2 Ton -> oben Oktave, „Saving all my love for you"**	**Grdton/ Oktave -1**
→ r	8 reine Oktave	hoher Verschmelzungsgrad	Orientierungspunkt
d	**b9 (b2) kleine None**	**schrill, oberer Ton hat Auflösungstendenz 1/2 Ton nach unten -> Oktave singe: b9 -> 8**	**Grdton/Okt +1**
d	**9 (2) große None**	**oberer Ton hat Auflösungstendenz GT nach unten wie „schweben" über der 8, singe: 9 -> 8 (CD 28& 44)**	**Grdton/Okt +2**
t	b10 (b3) kleine Dezime **#9 überm. None**	Bach Menuett G Moll (s. Band 2) Blues b3 -> 8	
t	10 (3) große Dezime	Swing low	
r	**11 (4) reine Undezime**	**Kirchenschluß in Dur** 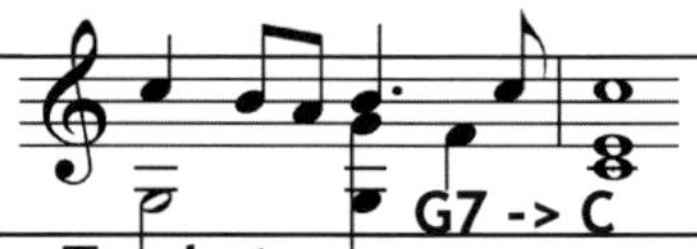 G7 -> C	**Quinte -2**
d	**#11 (#4) übermäßige Undezime**	**s. Tritonus (+8), oberer Ton hat Auflösungstendenz 1/2 Ton nach oben -> 5/12**	**Quinte -1**
→ r	12 (5) reine Duodezime	s. Quinte (+ 8)	Orientierungspunkt
t	**b13 (b6) kl. Tredezime** 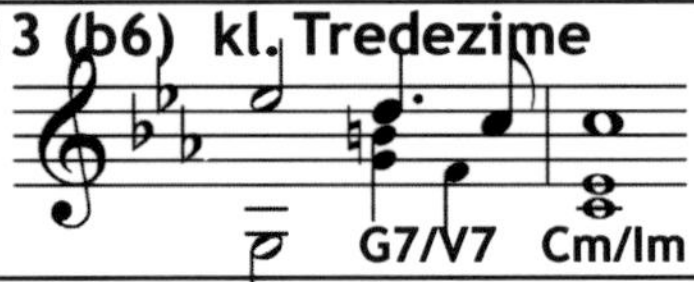 G7/V7 Cm/Im	**(V7)b13 -> 5 -> Im Kirchenschluß in Moll** **b13 hat Auflösungstendenz 1/2 Ton -> 5** **+ Ganzton nach unten (-> Grundton der Im)** **V7 -> I s. Guidetones- & Harmonisierungskapitel S.29&73**	**Quinte +1**
t	**13 (6) gr. Tredezime** 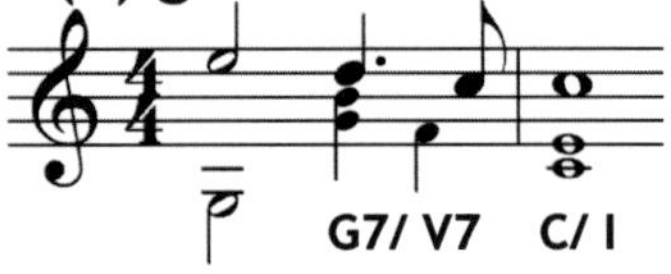 G7/ V7 C/ I	**(V7)13 -> 5 -> Grdt. der Tonika I** **Kirchenschluß in Dur, oberer Ton / 13 hat Auflösungstendenz GT nach unten -> 5 (12)** **+ Ganzton nach unten (-> Grundton der Tonika) komplett fallend**	**Quinte +2**

8va- - - - - - - - - -

Im kreativen Kontext wäre die Verwendung von Liedanfängen umständlich und störend, hier sind Auflösungstendenzen und Grundton bezogenes Hören wichtiger (höre CD!): 5 & 8 sind „magnetische" Punkte! Lerne im Liedkontext nach Gehör zuerst den Grundton 8 / 1 / "Ruhepunkt/ Zuhause" & die Quinte / 5 "als Sprungbrett" - > 8 (Track 21 & 43) & zu identifizieren / zu singen (Track 14 & 43). Achte dann auf Auflösungstendenzen -> 5 & -> 8 (1). Löse auf & singe: Z.B.: #4, #11, (b)6 od. (b)13 -> 5 und (maj) 7 od. (b)9 -> 8 (Track 43-48).

Der Quintenzirkel

Im Quintenzirkel findet man die Vorzeichen der 12 Dur- & Molltonarten. Vom "Nullpunkt" C steigen die Kreuztonarten in Quinten auf und die b-Tonarten in Quinten ab. Der Quintenzirkel läßt sich auf folgende 4 Sätze zusammenfassen:

1. Die Kreuztonarten steigen von C in Quinten auf.
2. Die b-tonarten steigen von C in Quinten ab. Eselsbrücken:

#-Tonarten:	**G**(eh)	**D**(u)	**A**(lter)	**E**(ddy)	**H**(ol)	**Fis**(che)
Vorzeichen:	1	2	3	4	5	6
Bb-Tonarten:	**F**(rische)	**B**(rötchen)	**Es**(sen)	**As**(se)	**Des**	**Ges**(angscastings)

3. Die Kreuzvorzeichen steigen von fis in Quinten auf (feste Reihenfolge):
fis, cis, gis, dis, ais, eis

Die b-Vorzeichen steigen von b in Quinten ab (feste Reihenfolge):
b, es, as, des, ges, ces

Zuerst stellt man (z.B. mit der Eselsbrücke) fest **1.wieviele** Vorzeichen, dann **2. welche** Vorzeichen eine Tonart hat. Die Vorzeichen einer parallelen Molltonleiter werden mit dem Umweg über die Durparallele bestimmt, die die selben Vorzeichen hat (sie liegen 3 Halbtöne auseinander/ Dur oben Moll unten). Z.B. C Dur und A Moll. Im inneren Kreis findet man die Mollparallelen.

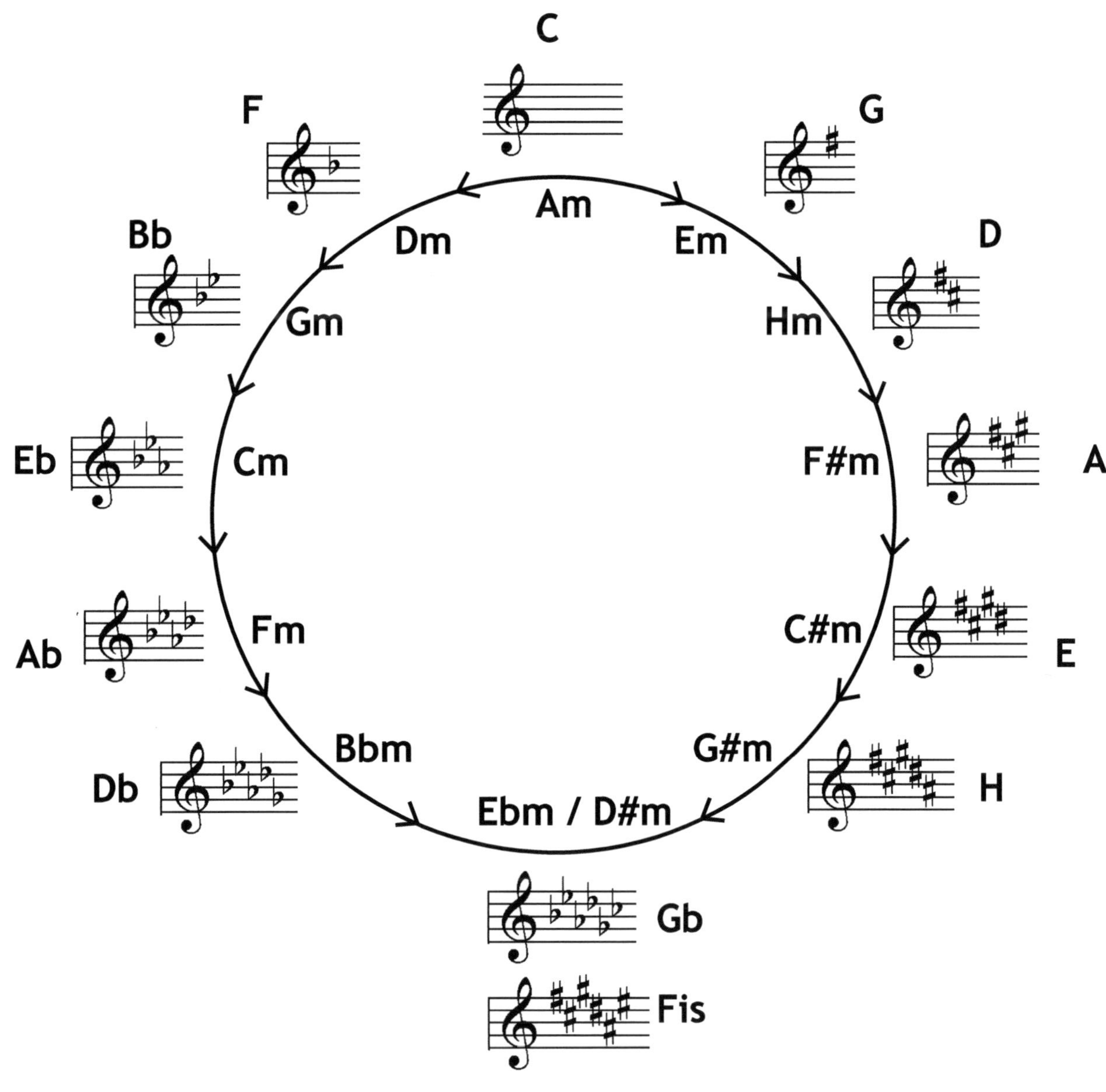

Die 7 Dreiklangstypen

(Lese anschließend an die Akkordkapitel auch S. 72-74: Funktionen der Akkorde / 7 Stufenakkorde)

In der klassischen Harmonielehre wird ein Akkord als Terzschichtung über dem Grundton definiert. Die Akkordtöne werden nach ihrem Intervall zum Grundton benannt. Um die Dreiklangstypen auch auf allen anderen Tönen bilden zu können, habe ich jeweils eine Probe mit angegeben.

1. Durakkord

Intervallstruktur: 1 / 3 / 5

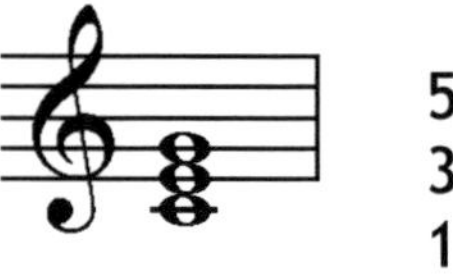

Akkordsymbol: C

Probe: 3: 4 Halbtonschritte abzählen, 5: Fünffingermethode (s. S. 15)

2. Mollakkord

Intervallstruktur: 1/ b3 / 5

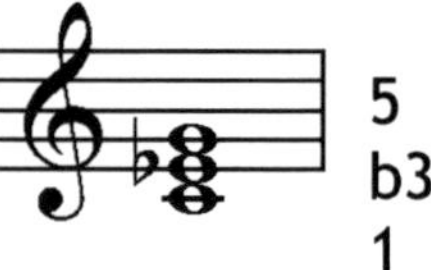

Akkordsymbol: Cm, C- od. Cmin

Probe: b3: 3 Halbtonschritte abzählen, 5: Fünffingermethode

3. Der Verminderte

Intervallstruktur: 1/ b3 / b5

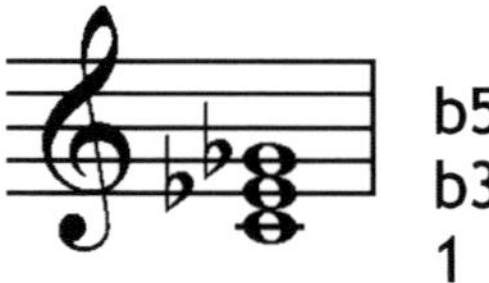

Akkordsymbol: Cmb5 od. C-b5

Probe: b3: 3 Halbtonschritte abzählen, b5: Fünffingermethode: 5 -1 Halbtonschritt

4. Der Übermäßige

Intervallstruktur: 1/ 3 / #5

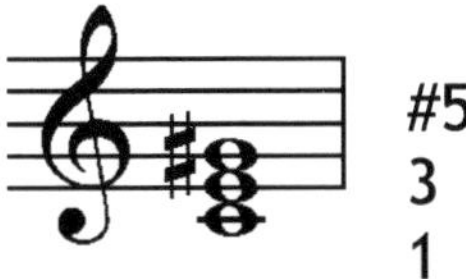

Akkordsymbol: C#5, C+ od. C aug.

Probe: 3: 4 Halbtonschritte abzählen, #5: Fünffingermethode: 5 + 1 HT-Schritt

5.-7. Quartenakkorde

Intervallstruktur: 1 / 4 / 5   1 / 2 / 5 & 1 / 4 / 7

In der klassischen Harmonielehre werden Quartenakkorde als Vorhaltakkorde nicht zu den Dreiklangsgrundtypen gezählt. 4 od. 2 lösen sich dann in die 3 oder b3 auf (sus= suspense/ Vorhalt).
Im Jazz und in der Popmusik werden Quartenakkorde sehr eigenständig und auch unaufgelöst verwendet. Deshalb sollen sie hier unbedingt mit aufgeführt werden. Man wird den untersten Ton immer als Grundton hören, deshalb werden für die korrekte Bezeichnung keine Umkehrungen gebildet (Csus2 ist also nicht Gsus4/C). Der tiefste Ton gibt den Namen!

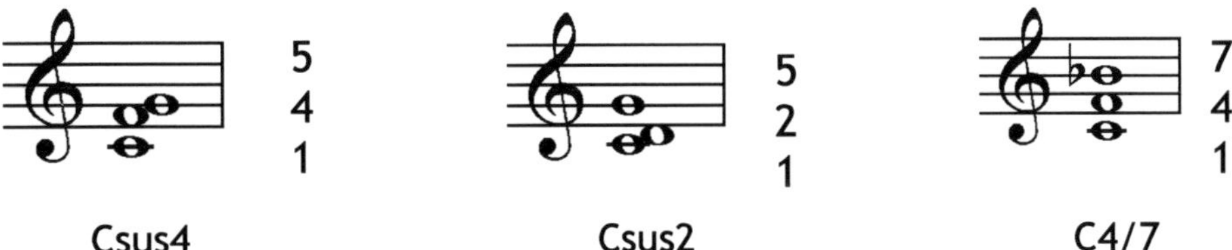

Akkordsymbol: Csus4 Csus2 C4/7

Probe sus4: 5: Fünffingermethode, 4: 5-2 Halbtonschritte
Probe sus2: 5: Fünffingermethode, 2: 1 + 2 Halbtonschritte
Probe 4 / 7: 4: 5 -2 Halbtonschritte, 7: 8 -2 HT-Schritte

Die Vorzeichen des Großbuchstabens werden in der Akkordsymbolschrift hinter den Buchstaben gesetzt z.B.: As = Ab. Unser Ton H heißt international B. Unser Ton B = Bb (B flat). Ich werde mich im folgenden bezüglich der Akkordsymbolschrift an diesen Standard halten.

Übung

bildet die Dreiklangstypen jeweils auf jeder weißen Taste. **Verwendet unbedingt die Proben, um zu überprüfen, ob Ihr die Dreiklänge richtig gebildet habt.**

Beispiel auf F:

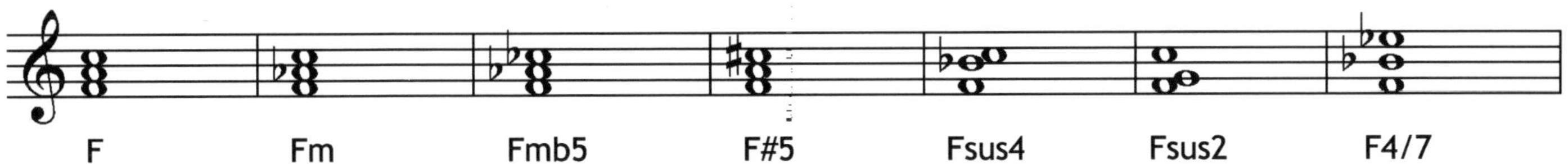

Bildet alle Dreiklangstypen nun auch mit den schwarzen Tasten als Grundton.

Die Akkordzusatztöne

Die Zusatztöne (oder Optionen) werden mit Terzschichtung (b3 od. 3) auf die Dreiklänge aufgesetzt.
z.B.:

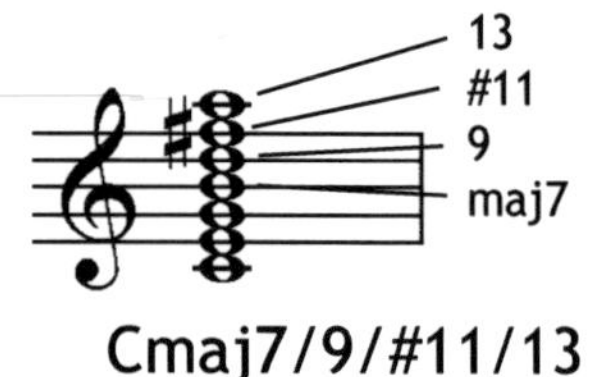

Cmaj7/9/#11/13

Verwendet zur schnellen Intervallbestimmung unbedingt die Quickcheckmethoden s. Tabelle auf dieser Seite. Um die Akkordsymbole kürzer zu halten gilt folgende

Regel:
Der höchste Zusatzton beinhaltet automatisch die darunterliegenden. Automatisch allerdings nur: 7, 9 und 11. 7, 9, 11 & 13 sind einen GT von Oktave od. Quinte (Orientierungspunkte) entfernt.
z.B.:

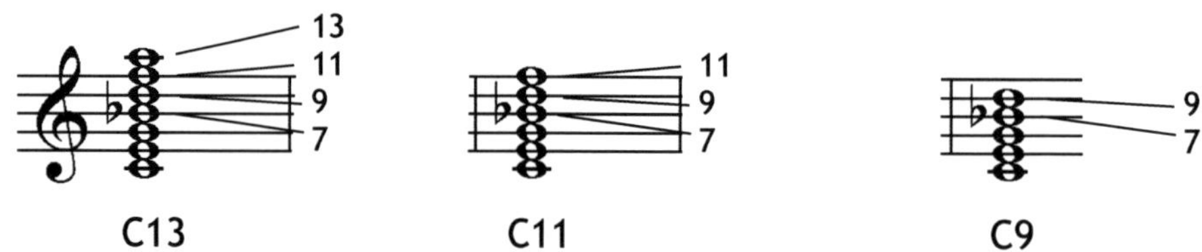

C13 C11 C9

Wenn andere Zusatztöne gewünscht werden, so muss dies extra geschrieben werden.
Z.B. #4, b6, maj7, b9, #11, b13 **sind einen HT von Oktave od. Quinte (Orientierungspunkte) entfernt.**

add9, add11, 6

um den Automatismus zu umgehen gibt es die Bezeichnungen `add9´, `add 11´ und `6´. Sie bedeuten: Nur der eine Zusatzton wird hinzugefügt, ohne dass automatisch andere hinzukommen.

Zusammenfassung:

2 ≙ 9
4 ≙ 11
6 ≙ 13

automatisch werden nur 7, 9 und 11 hinzugefügt, wenn ein höherer Zusatzton angegeben ist.
4, 6, 7, 9, 11 od. 13 sind immer einen GT von 5 od. 8 entfernt.

Zusatzton	**Quickcheck** (Fünffingermethode zum finden der Quinte):
b6	5 + 1 HT-Schritt
6	5 + 2 HT-Schritte
°7	Grdt./8 - 3 HT (s. Kapitel halbverminderter und der ganzverm. Septakkord)
7	Grdt./8 - 2 HT
maj7	Grdt./8 - 1 HT
b9	Grdt./8 + 1 HT
9	Grdt./8 + 2 HT
#9	Grdt./8 + 3 HT
11 (≙ 4)	5 - 2 HT 8va
#11 (≙ #4)	5 - 1 HT
b13 (≙ b6)	5 + 1 HT
13 (≙ 6)	5 + 2 HT

Akkordumkehrungen/ Schrägstrichakkorde

Man kann Akkorde umkehren, indem man den untersten Ton jeweils nach oben setzt. Dann ist der Akkordgrundton nicht mehr der tiefste Ton und hinter einem Schrägstrich wird der Ton angegeben, der unten liegen soll.

z.B. die Umkehrungen von C Dur: Grundform 1.Umk. 2.Umk. Grdform

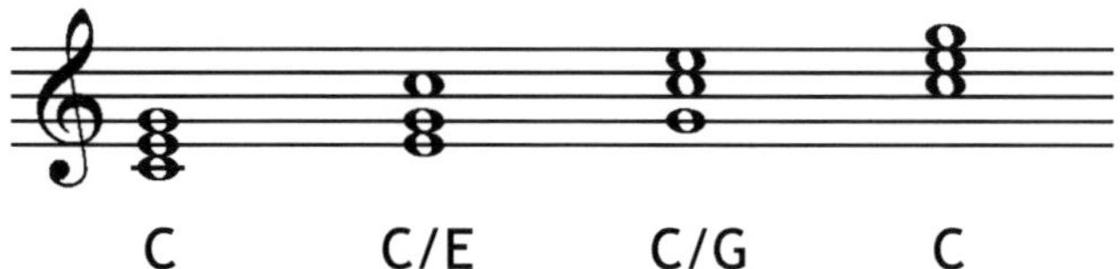

C C/E C/G C

Für die Akkordsymbolschrift und auch für diese Schrägstrichakkorde ist nur von Bedeutung, welcher Ton unten liegt. Die Stimmenverteilung (Voicingarbeit) oberhalb des Basstones ist nicht durch die Akkordsymbolschrift festgelegt. In den folgenden Kapiteln geht es deshalb um verschiedene Voicingstrategien.
Durch Schrägstrichakkorde kann man auch Basstöne angeben, die nicht im Akkord enthalten sind (dann ist es keine Umkehrung). Hierbei entspricht der Akkord vor dem Schrägstrich meist dem Bruchstück bzw. der oberen Struktur eines anderen Akkordes (Upperstructure s. S. 44). Z.B. in C7,9,11,13 steckt ein Bbmaj7 Akkord. Anstatt C13 ohne 3 und 5 schreibt man einfach:

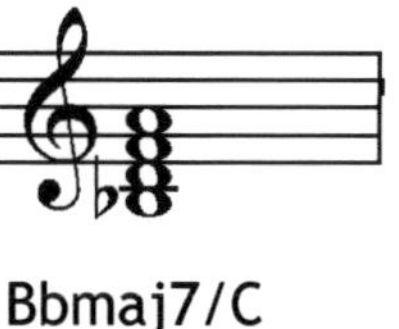

Bbmaj7/C

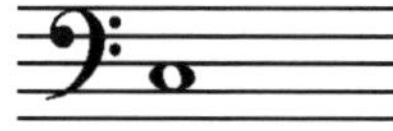

Halbverminderter & ganzverminderter Septakkord

bekommen spezielle Symbole. Sie unterscheiden sich nur durch einen Ton: ø7 und °7

z.B.

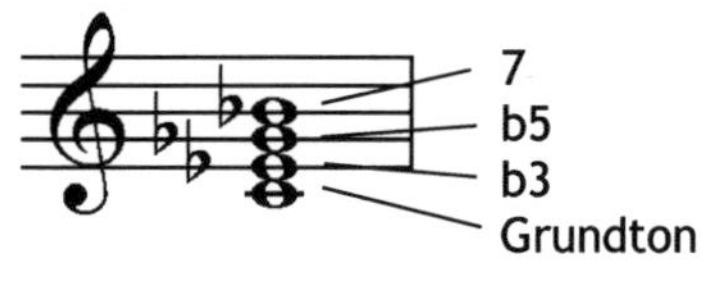

Cm7b5 oder Cø7

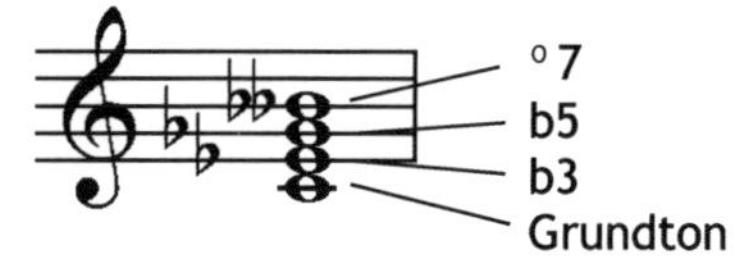

C°7 oder Cdim7

Übung

Schreibe die folgenden Akkorde in der Grundform auf. Verwende die Fünffingermethode zum Finden der 5 und die `Quickcheckmethoden´ (s.S. 20) zum Prüfen der anderen Intervalle:

Cm11, Dm7b5, Ebmaj7, C#°7, E+7b9, Bbsus2/D, G7/9sus4, F13, Ab7#11, Dadd9

Bei Dadd9 kann die None auch direkt neben den Grundton gelegt werden, wenn man im Bass den Grundton verdoppelt, so ergibt sich wieder eine None. In der Grundform klingen die Akkorde noch nicht sehr schön, das kommt mit guter Voicingarbeit.

Das wichtigste Etappenziel heißt Leadsheetspiel: Spiel eines kompletten Klaviersatzes nur anhand von Melodie + Akkordsymbolen.

Weitere Informationen s. `**Jazz & Pop-Harmonielehre**´ **von Axel Kemper-Moll, Voggenreiter-Verlag, Bonn 1999.**

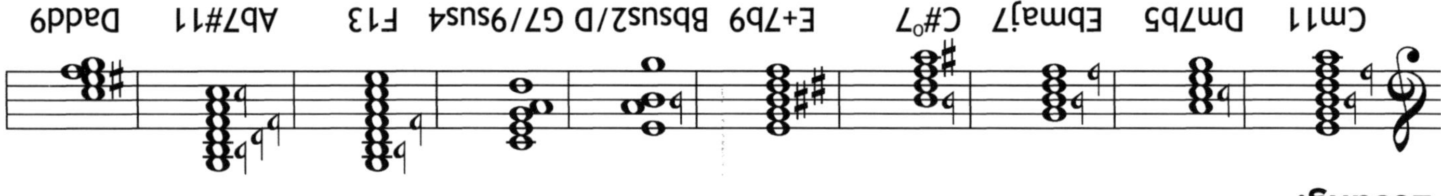

Lösung:

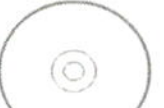
8

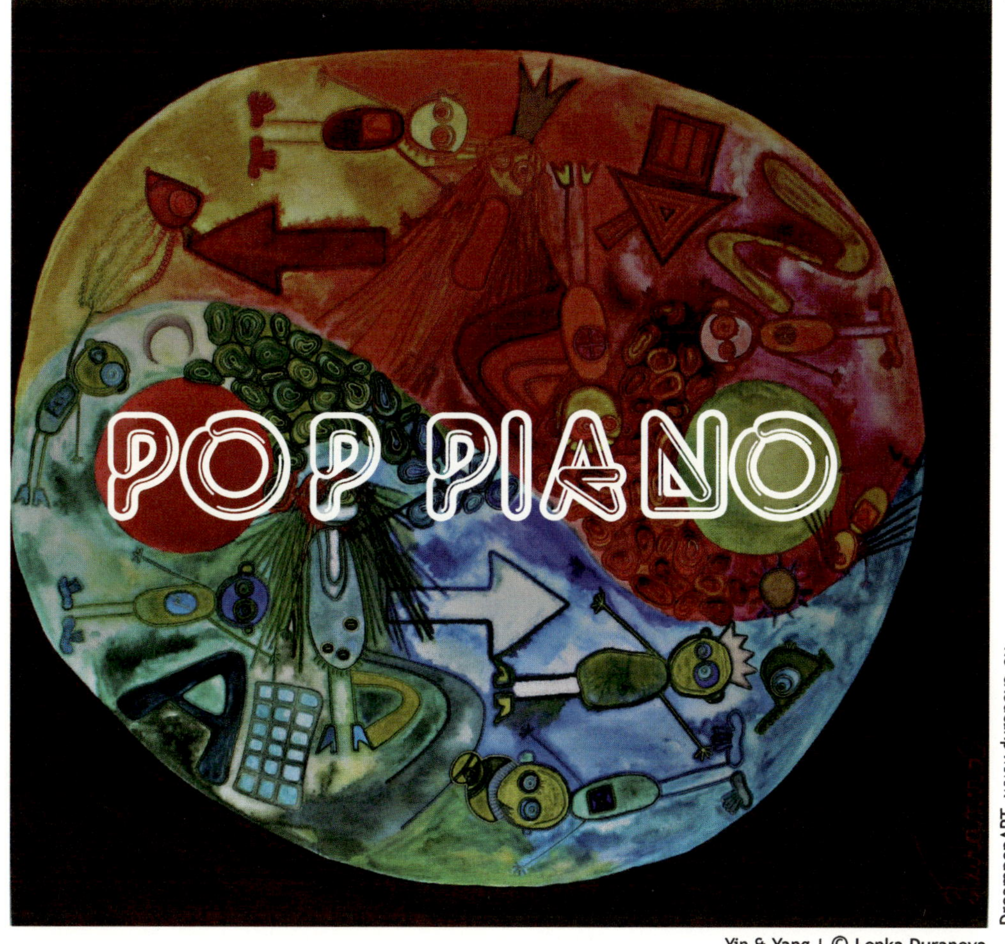

Yin & Yang | © Lenka Duranova

Liedbegleitung mit Quinten 1 | 5, Sexten X/Y & Septimen 1 | 7

Startet für Popsongs od. viele Youtube-Hits links oft mit diesen 2-3 einfachen Voicings/ Griffen. Voicing heißt Stimmenverteilung. Ein „Haus" baut man von Unten. Wir starten also mit der linken Hand. Ihr sollt jetzt Geschmacksentscheidungen treffen und lernen, selbst eine linke Hand-Begleitung zu erfinden. (Begleitrhythmen s. z.B. S. 40). In der linken Hand klingen komplette Dreiklänge in Grundform und Umkehrungen (X/Y) oft nicht prickelnd und stoßen an Untergrenzen. Wenn es zu sehr brummt: **Tiefe Frequenzen sind große Schwingungen und wollen deshalb Platz haben. LASS LINKS DEN MITTLEREN TON WEG od. SETZ IHN HOCH! meist unter die Melodie. (Alternativ: spiele links 1 Okt. höher od. nur 1 Basston). 2 Töne ergeben oft eine bessere Basis (als z.B. Oktaven od. 1 Ton) spiele links:**

1 | 5 |(10) [1 (| 8)] **für Grundformen X(m)**

& Sexten bei X/Y-Akk./ Umkehrungen: lege den 5. Finger links auf den Basston Y, schiebe den Daumen hoch: Sexte, beachte akkordeigene Töne

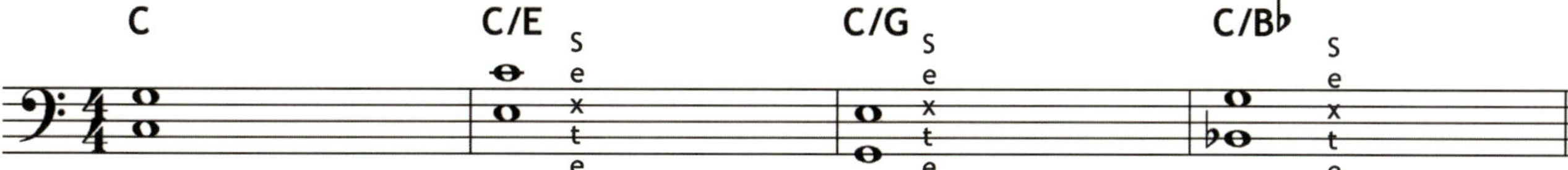

Durch das Hochsetzen der Mittelstimme(n) ergibt sich beim X(m)7 links eine <u>drittes Voicing:</u> **1 | 7** <u>**(s.u. C7: Bsp 2 & 3)**</u>. **Oft reichen für Pop diese Voicings + Melodie schon aus (+ Hochsetzen mittlere Töne). Beachte: Die Melodie will die „Chefin" sein und deshalb meist oben liegen.** Es gibt viele berühmte Beispiele wo diese einfachen Two Hand Voicings vorkommen: Piano Man, Father & Son, Oh happy Day, You´ve got a friend, Träumerei / Schumann (Bsp. 3). Die Mittelstimmen werden hier parallel bewegt (Bsp. 1 & 2/ CD höre Track 8).

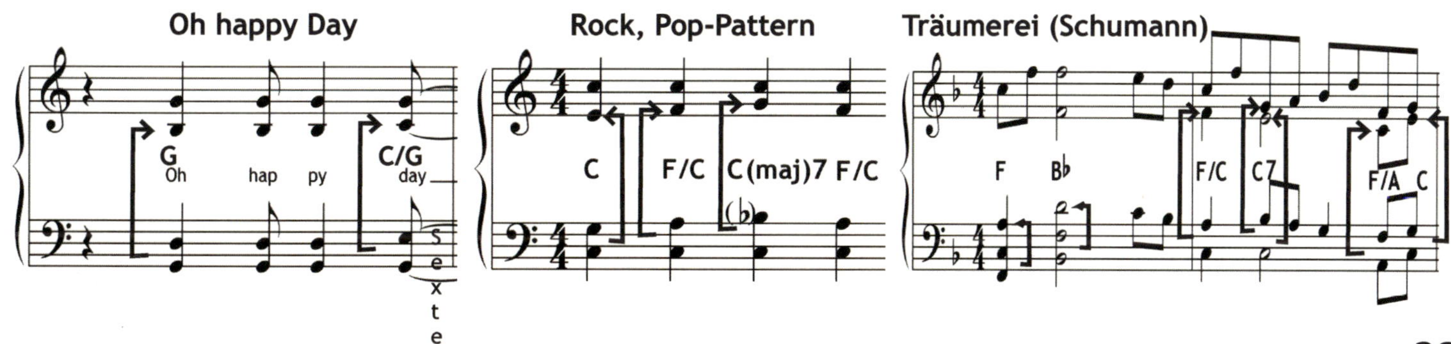

Michael row the Boat ashore

Gospel
Bearbeitung : Axel Kemper-Moll

Erfindet selbst eine linke Hand, zunächst als ganze & halbe Noten (bei 2 Akkorden / Takt)
LASS LINKS DEN MITTLEREN TON WEG & setz ihn hoch!

Spiele für viele Popsongs (bei Two Hand Voicings) links zunächst 2 Varianten:

1. X(m) Grundform, links Quinte: 1 | 5
2. X/Y bei Akkordumkehrungen: Sexte links
Lege den kleinen Finger L: auf -> Y=Basston! Schiebe den Daumen hoch -> Sexte. **Beachte Akkordeigene Töne.**

B (Akkordsymbolschrift international)= H, verwende nur im "Notfall" den Lösungstonsatz
Die fehlende Akkordtöne & hochgesetzte Mittelstimmen wurden in der rechten Hand ergänzt und unter die Melodie (die Melodie will oben liegen) gesetzt: (s. Lösungstonsatz S. 25)

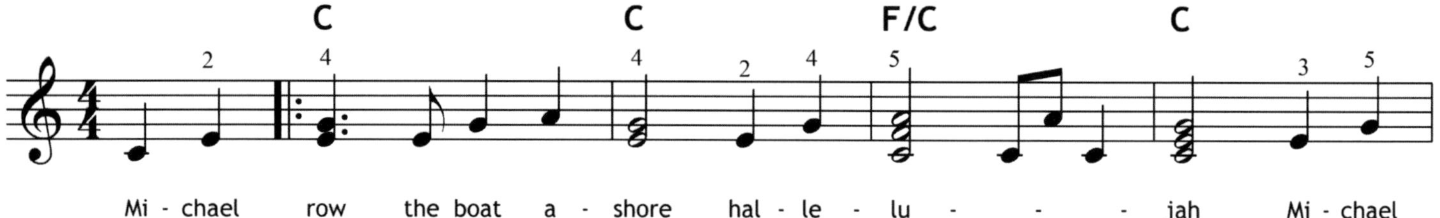

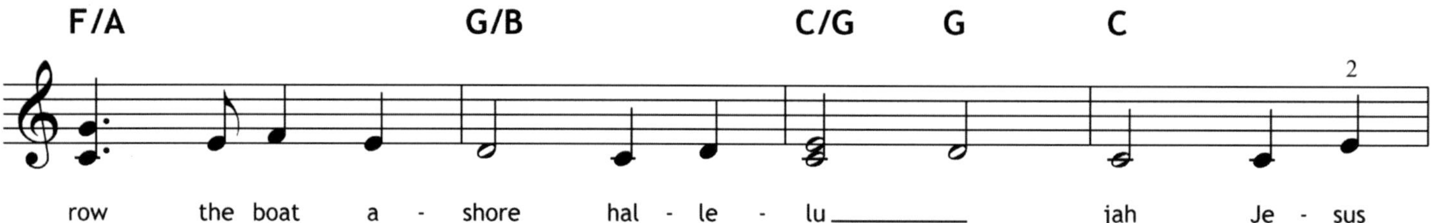

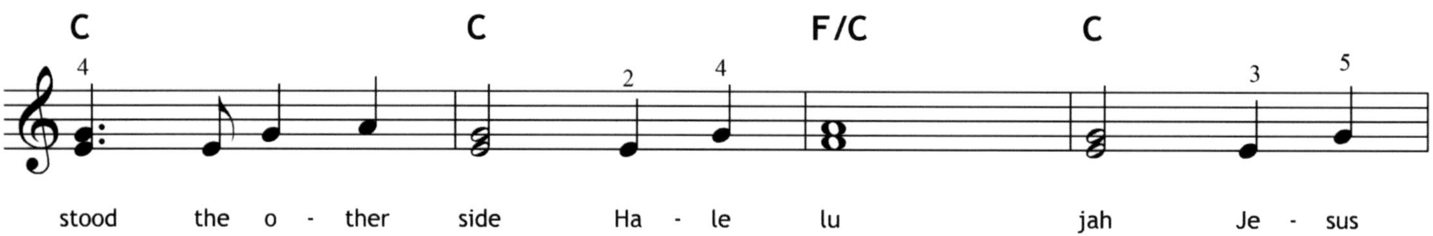

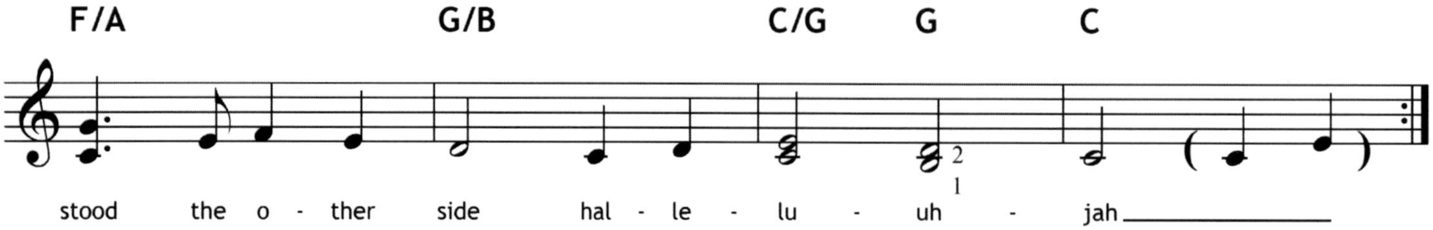

Für Jazz & Pop wird meist nur Violinschlüssel + Akkorde gelesen. Diese „Leadsheetnotation" hat viele Vorteile: Sie braucht nur die halbe Seitenzahl, ist flexibler, offener für Improvisation, jeder Musiker spielt freier und aus dem gleichen Leadsheet (außer transponierende Instrumente), ...

Michael row the Boat ashore (LÖSUNGSTONSATZ)

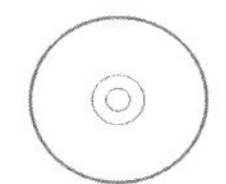

Gospel
Bearbeitung : Axel Kemper-Moll

Lass links den mittleren Ton weg & setz ihn hoch!
Spiele links 2 Varianten: 1 | 5 od. bei Umkehrungen X/Y (Y=Basston) Sexten
Spiele wieder nach dem Leadsheet vorige Seite! Verwende diesen Lösungstonsatz nur im Notfall.

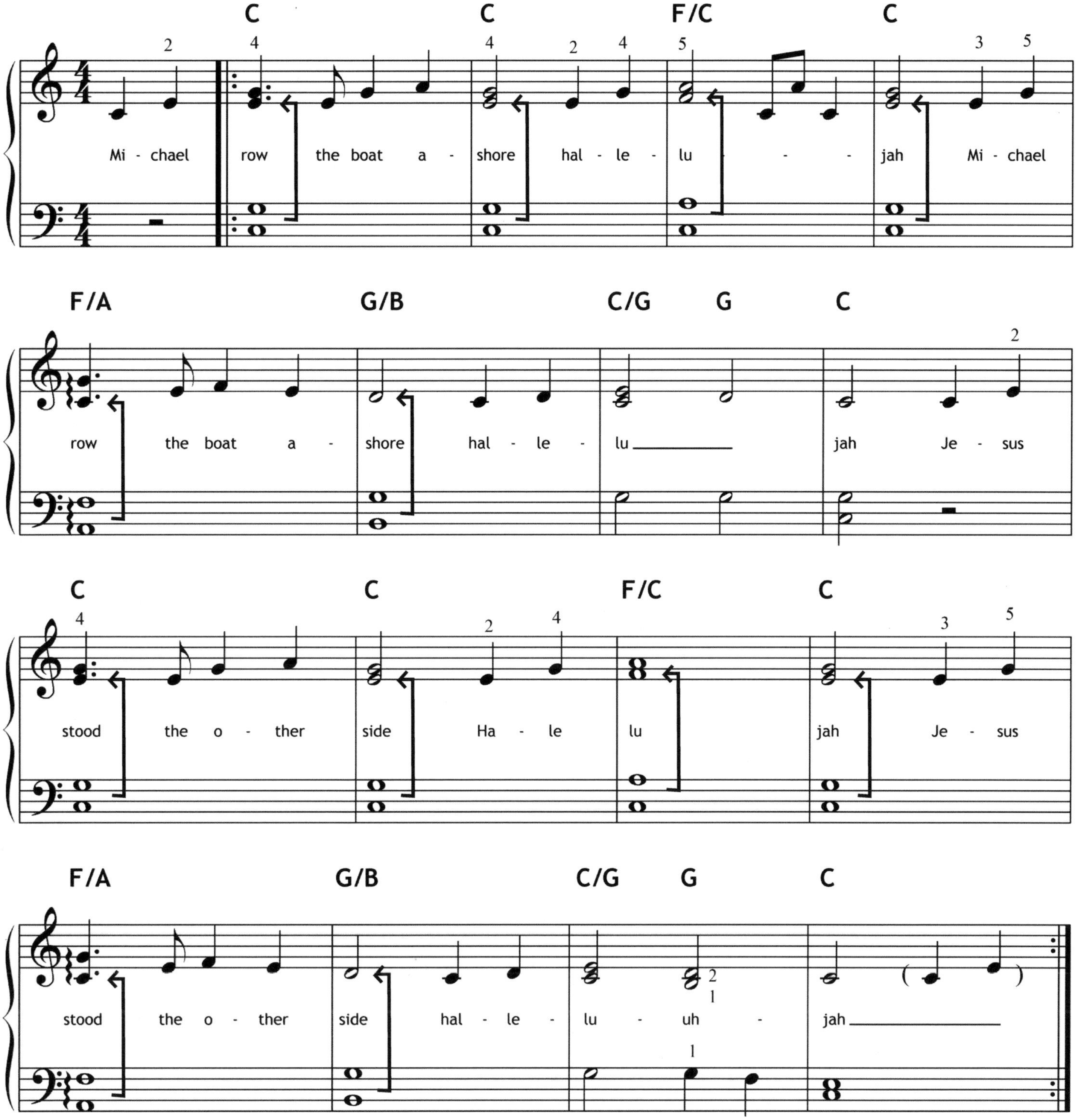

C C F/C C

Mi - chael row the boat a - shore hal - le - lu - - jah Mi - chael

F/A G/B C/G G C

row the boat a - shore hal - le - lu ____ jah Je - sus

C C F/C C

stood the o - ther side Ha - le lu jah Je - sus

F/A G/B C/G G C

stood the o - ther side hal - le - lu - uh - jah ____

And so it goes (Billy Joel) Vorübung

Spiele **Rechts: zunächst Dreiklänge in Grundformen & Lass links den mittleren Ton weg (s. S. 23) L: 1 | 5 od. bei Umkehrungen X/Y: Sexte greifen.** Baue dann die Verzierungen ein (s. letzte Zeile). Ihr findet hier die wichtigsten Tipps zur Auflockerung & Variation einer Akkordfolge im Pop-Piano-Stil von Billy Joel, Elton John, ... (höre CD Track 2). **Ziel sollte sein,** die Tipps auf die Akkordsymbole anzuwenden. **(nicht die Noten zu lesen/ Lösungstonsatz** S. 28)

Solos:

(|: F G | Am G/B | C F | [1.] G G :|) [2.] C C

C/Bb F/A | Fm/Ab C/G | D/F# D/F#| Gsus4 G|

DC al Coda

C/Bb F/A | Fm/Ab C/G | D/F# D/F# |Gsus4 G :|)

Es ist nicht üblich Popmusik mit Doppelsystem / Noten zu spielen, lese die Akkordsymbole s.o.!

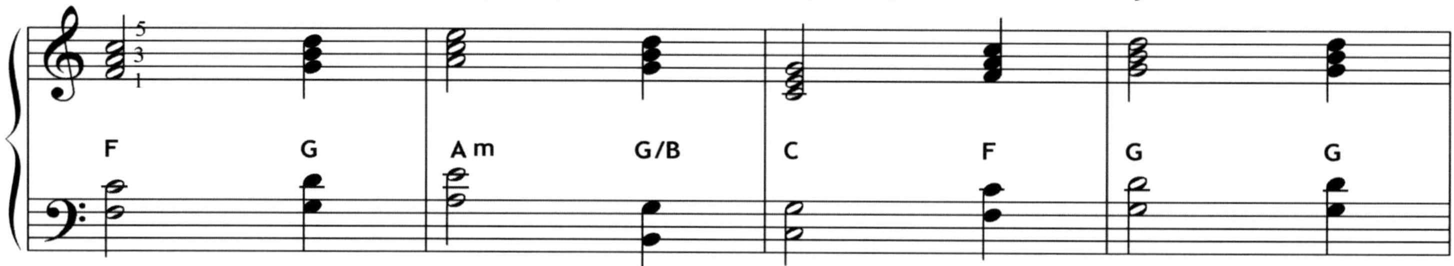

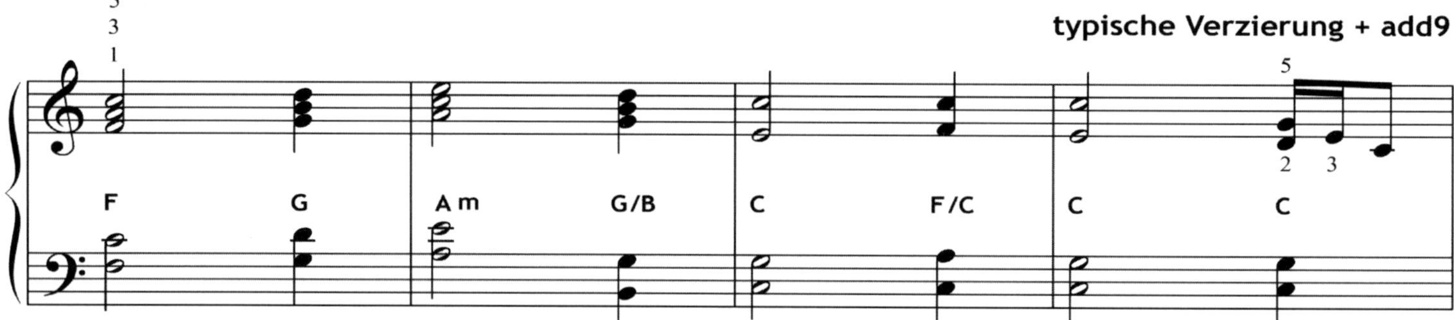

VARIATION im STIL von BILLY JOEL

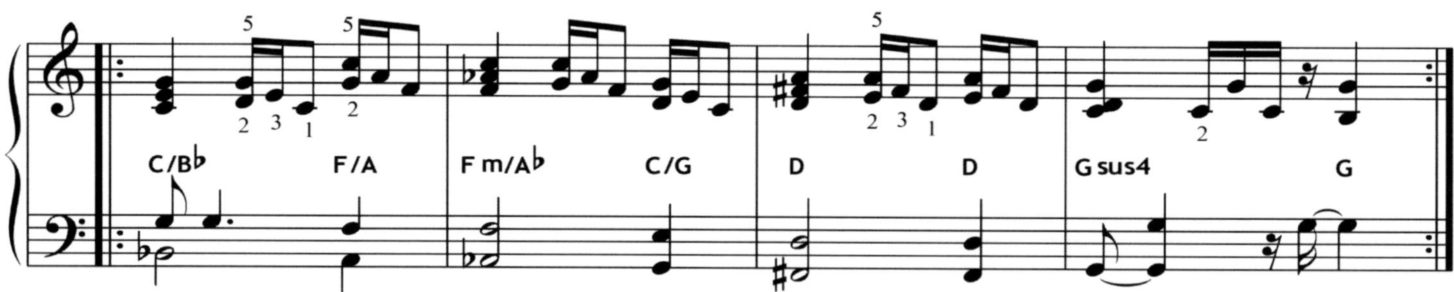

Akkordische "Improvisation"

In der Variation findet man eine berühmte Verzierung (s. Billy Joel / Piano Man). Übertrage sie auch auf Zeile 1-2. Man kann sie rechts in jedem Takt (dem Akkord entsprechend) auf Zählzeit 2 & 3 einbauen und so die Akkordfolge Auflockern. Es entsteht so ein „kunstvolles Akkord-Geflecht" **(s. Lösungstonsatz** S. 28 & höre CD Track 2). Der harmonische Rhythmus im Dreivierteltakt ist meist: Zwei Schläge Akkord 1 und ein Schlag für Akkord2:

Rechte Hand:	**Zählzeit:** 1: Grundform **1.Akkord**	**Zählzeit 2:** Verzierung 1. Akk 16tel-Motiv mit der add9	3: Verzierung ggf. **2. Akkord** 16-tel-Motiv mit der add9
Linke Hand:	1 | 5 od. Sexte	Pause	1 | 5 od. Sexte

And so it goes

2 Billy Joel

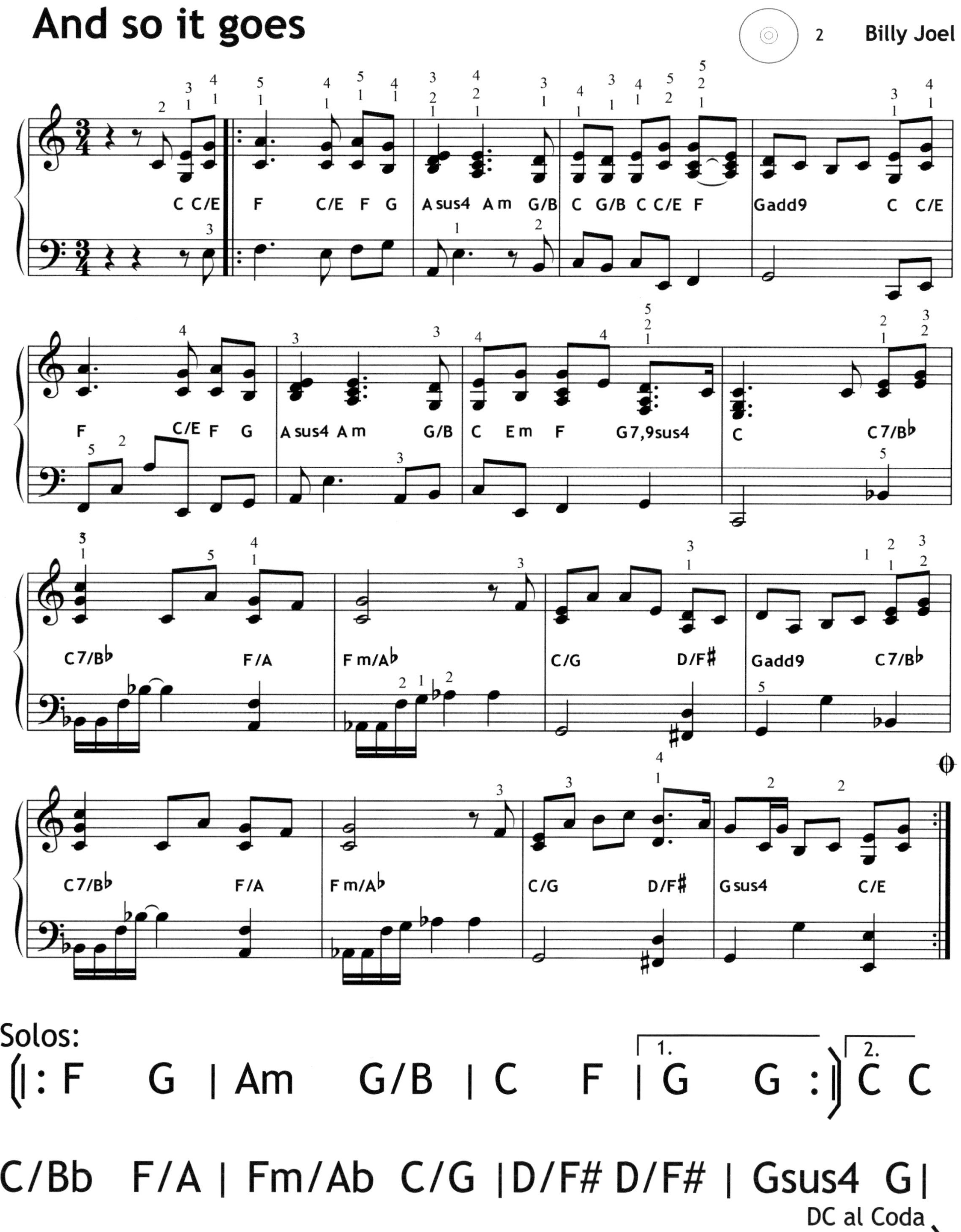

Solos:

(|: F G | Am G/B | C F |1. G G :|) 2. C C

C/Bb F/A | Fm/Ab C/G |D/F# D/F# | Gsus4 G|

DC al Coda

C/Bb F/A | Fm/Ab C/G |D/F# D/F#| Gsus4 G :|)

Spiele die Akkorde zunächst R: Grundform, L: 1 | 5 od. bei X/Y: L: Sexte greifen ohne Verzierungen (s. S. 26). Verwende dann die Variation (S. 26) zur Auflockerung der Akkordfolge im Poppianostil von Billy Joel, Elton John, ... **Ziel sollte sein, zu dieser Akkordfolge zurückzukehren, die nächste Seite wegzulassen** und die Tipps hier anzuwenden.

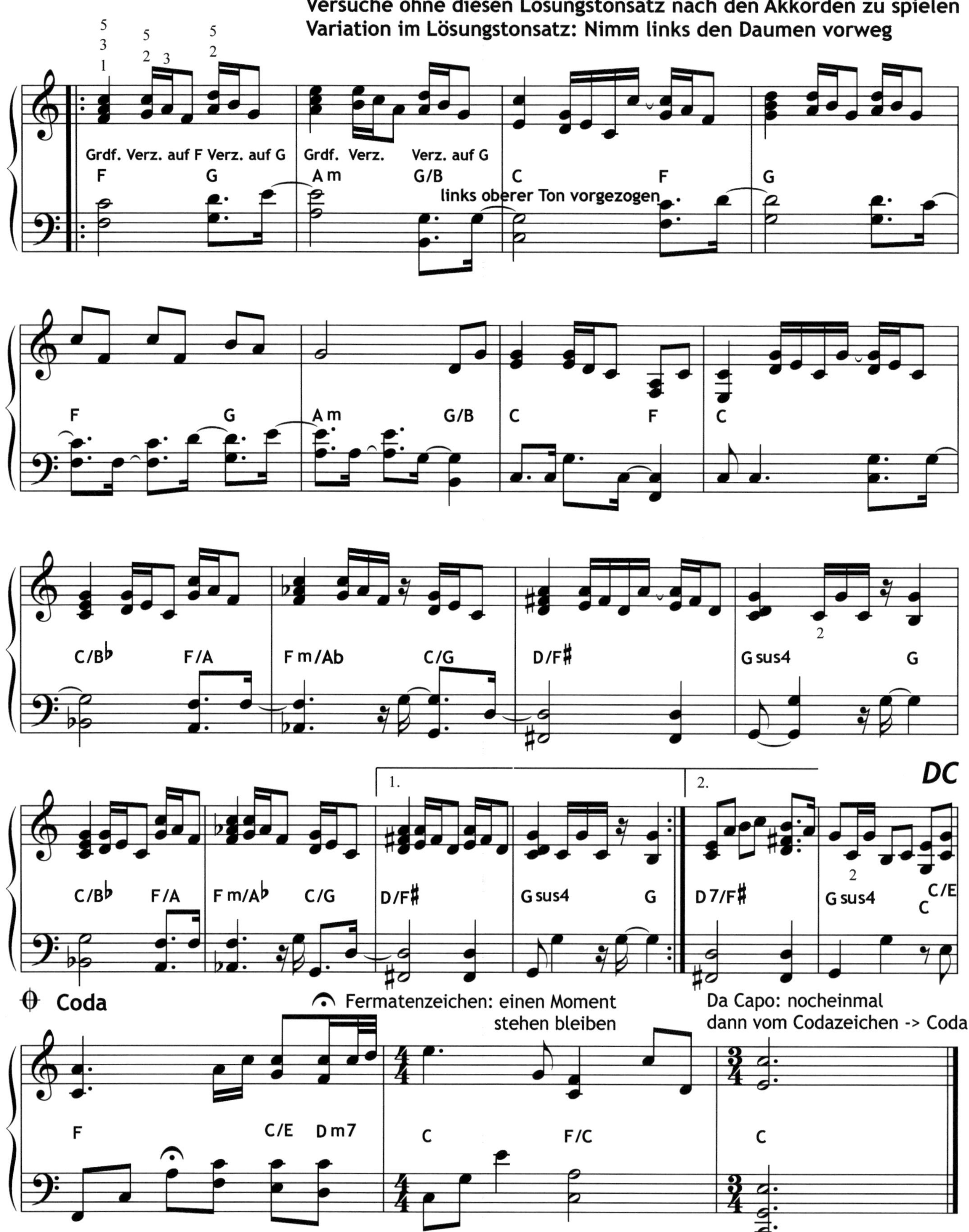

Akkordische "Improvisation"

Die add9 steckt in den Verzierungen und kann hier immer dazu genommen werden, auch wenn sie nicht im Akkordsymbol steht. Zur Steigerung kann man auf die letzte 16tel im Takt links den Daumen/ oberen Ton des folgenden Akkordes vorwegnehmen (s. Takt 1-2, Am). Dies kann auch in der rechten Hand gemacht werden (s. Takt 3: F Akkord/ R, vorgezogene 5). **In die akkordische "Improvisation" können melodische Improvisationslinien eingeflochten werden (s. Zeile 2).**

Guidetonevoicings / V7-> I / Quintfall (s.S. 72-74!) & Untergrenzen

Lese zuerst S. 72-74! Voraussetzung / Themen: Die 7 Stufenakkorde (röm. Zahlen), Akkordfunktionen, II V I-Verbindungen & Zwischendominanten. Ein sehr wichtiges Voicing für Septakkorde sind 3 | 7-Voicings (bzw. 7 | 3) od. Guidetone-Voicings. Das 3 | 7 -Voicing z.B. von G7 beinhaltet Leit- und Gleitton von C Dur. Das gilt ebenfalls für V7 (Dominantseptakkorde) in Moll (s. rechts E7->Am). Die deutschen Begriffe sind besser, weil sie die Richtung anzeigen. In A m leitet der Leitton (gis) nach oben, der Gleitton (7 des V7) „gleitet" nach unten.

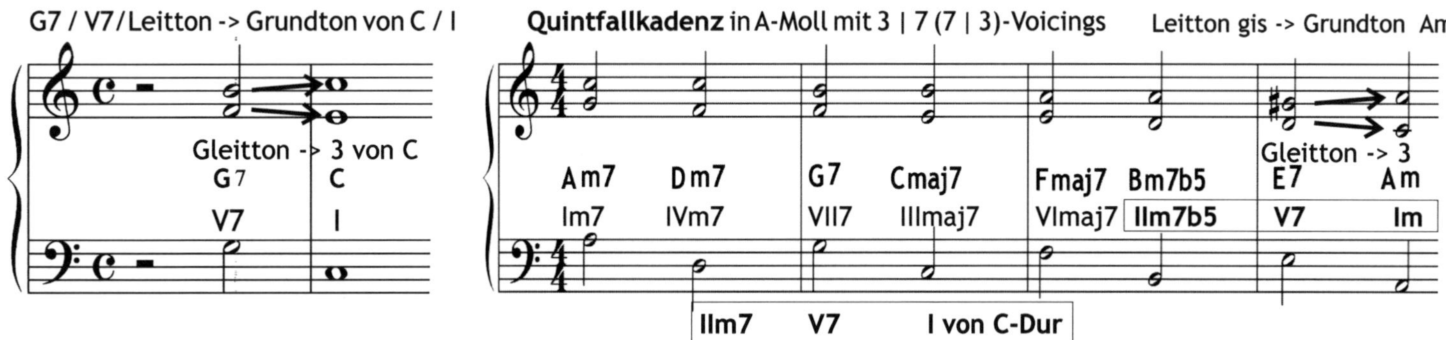

Die Guidetones müssen nicht immer aufgelöst werden (s. Cmaj7) und können nach dem „Gesetz des kleinsten Weges" gesetzt werden. Der gemeinsame Ton (hier H) zweier Akkorde bleibt liegen. 7 | 3 & 3 | 7 wechseln ab in der Quintfallkadenz. Spiele nach den Akkordsymbolen und **übertrage die Quintfallkadenz nach Dm, Gm & Em: Bilde zunächst die 7 Stufenakkorde (s. S. 72-74) und lass dann die Akkorde in Quinten fallen.** In der Quintfallkadenz s.o. findet man alle 7-Stufenakkorde von Am, die II V I-Verbindung (Jazzkadenz) von A Moll und von der Durparallelen C Dur. Je nach Tonart/ Akkordsymbol nimmt man für die 3/7-Voicings: 3, b3, maj7 od. 7.

Da Akkorde meist terzgeschichtet sind, gibt es das Problem, dass Terzen im tiefen Bereich zu sehr `brummen´. Die Lösung ist wieder: LASS LINKS DEN MITTLEREN TON WEG. Zunächst nur die Quinte (1 | 3 | 7), ab der Untergrenze (Bb7 s.u.) kann links 1 | 7 gespielt werden: mittlere Töne / 3 & 5 weglassen, sie können dann rechts gespielt werden (s. folgende Tabelle). Wenn man die 1| 3 | 7 und 1| 7 | 10 Voicings chromatisch (in HT-Schritten) verschiebt, kann man hören, dass die Untergrenze (low interval limit) für Terzen & Septimen für die meisten Tonsätze beim kleinen D liegt (oberer Ton des Intervalls).

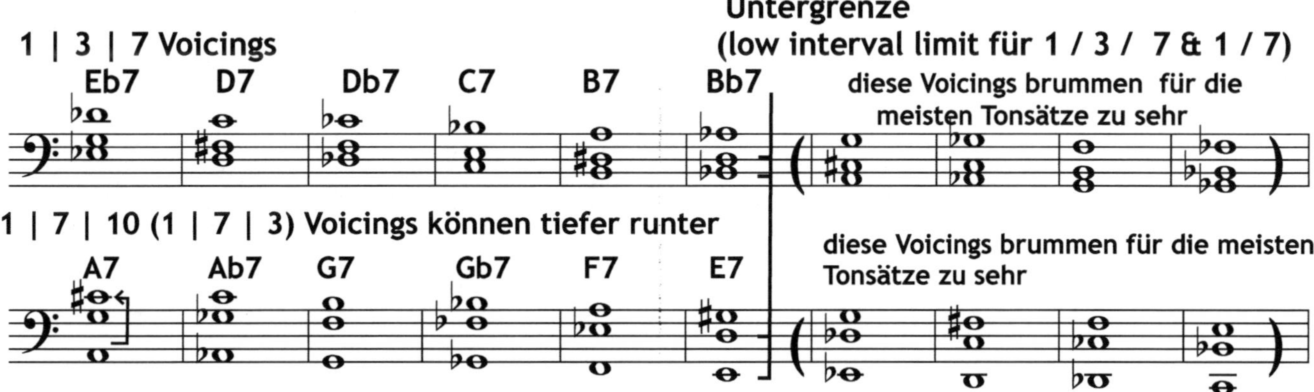

Von Ab bis maximal E7 (s. untere Zeile) kann man in diesem Frequenzbereich zu den 1 | 7 | 10 (3)-Voicings wechseln (die Terz des Akkordes eine Oktave nach oben setzen). In amerikanischen Arrangementschulen wird die Intervalluntergrenze (low interval limit) für Terzen und Septimen für das kleine d (oberer Ton der Terz od. Septime) angegeben. Unterhalb dieser Grenze liegen diese Intervalle eher wie ein `Stein im Magen´ und wenn Ihr nicht gerade `Deep, dark Metal´ machen wollt, solltet Ihr Euch diese Untergrenze merken.

In den folgenden Tonsätzen sollen die Akkordtöne auch auf beide Hände verteilt werden. Prinzipiell können folgende Situationen vorkommen:

-der Akkord liegt komplett rechts od. links: 3 | 7 od. One Hand Voicing (dicht, mit oder ohne Grundton)
-der Akkord ist auf beide Hände verteilt: Two Hand Voicing (groß, weit, offen, voluminös, „fett")
-der Akkord wird aufgelöst (die Töne werden im Takt verteilt)
-kein Akkord

Erfahrene Tonsatzspieler können ganz flexibel und ständig zwischen allen möglichen Varianten wechseln.
Übe zuerst 3/7-Guidetone Voicings, dann One- & Two-Hand-Voicings.

II V I & One Hand-Voicings s. Übung S. 36-37, Erklärung II V I: s. S.72-74! 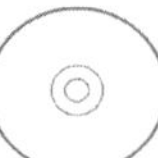 6-7

Die folgenden One Hand-Voicings können rechts oder links gegriffen werden. Sie wurden hier für II V I-Verbindungen, in enger Lage ohne Akkordgrundton gebildet. 3 od. 7 liegen immer unten. Statistisch werden diese Varianten am häufigsten verwendet. Quinte unten kommt im One-Hand-Voicing fast nicht vor, None unten klingt verträumt & sehr schön, wird aber weniger verwendet. Hier also zuerst die Voicings immer mit einem der Guidetones (3 od. 7) unten! **Ausgesetzt mit kleinster harmonischer Bewegung,** gemeinsame Töne bleiben liegen.

Gängigster Zusatzton nach der 7 ist die 9, beim Dominantseptakkord V7 wurde hier die 5 jeweils durch die 13 (6) ersetzt. Die 6 kann anstelle 7 od. 5 verwendet werden (s. 3. Zeile: E6add9).

Man kann diese Voicings links spielen, während die rechte Hand Melodie oder Improvisation spielt. Um die Voicings für die linke Hand einzuüben, ist es sinnvoll, mit der rechten Hand über Kreuz zu greifen und den Akkordgrundton jeweils zu ergänzen. Im Bandspielkontext wird der Grundton oft vom Bass gespielt. Übe die One Hand-Voicings für Begleitungen rechts, während die linke Hand einzelne Akkordgrundtöne ergänzt (ohne Band). Es folgen II V I-Verbindungen (Erklärung s.S.72), die erreichte Durtonika / Imaj7 wird hier immer zur IIm7 der folgenden II V I-Verbindung. Man kommt so immer einen GT tiefer (C Dur -> Bb Dur -> As Dur, ...).

Die gängigsten II V I-Voicing-Varianten werden A- & B-Form genannt. Auf S.36-37 findet Ihr die wichtigsten Improvisationsvorübungen für Jazz- & Popmusiker*innen. II V I-Voicings + Durtonleiter (Playalongs CD/ 6-7).

Der optimale Frequenzbereich für One Hand Akkorde liegt oft um das mittlere C. Um nicht zu hoch (stört die Melodie) od. zu tief zu spielen (brummt), wählt man IIm7 entweder mit 3 od. 7 unten.

A-Form / von C bis (F) E-Dur:

IIm7: 3 liegt unten, Grundform (ohne Grundton) / **V7:** 7 unten **I:** 3 liegt unten, Grundform (ohne Grdt.)

B-Form / von F bis H-Dur:

IIm7: 7 liegt unten **V7/9:** 3 liegt unten, Grundform (ohne Grundton) **I:** 7 liegt unten

1. Kette

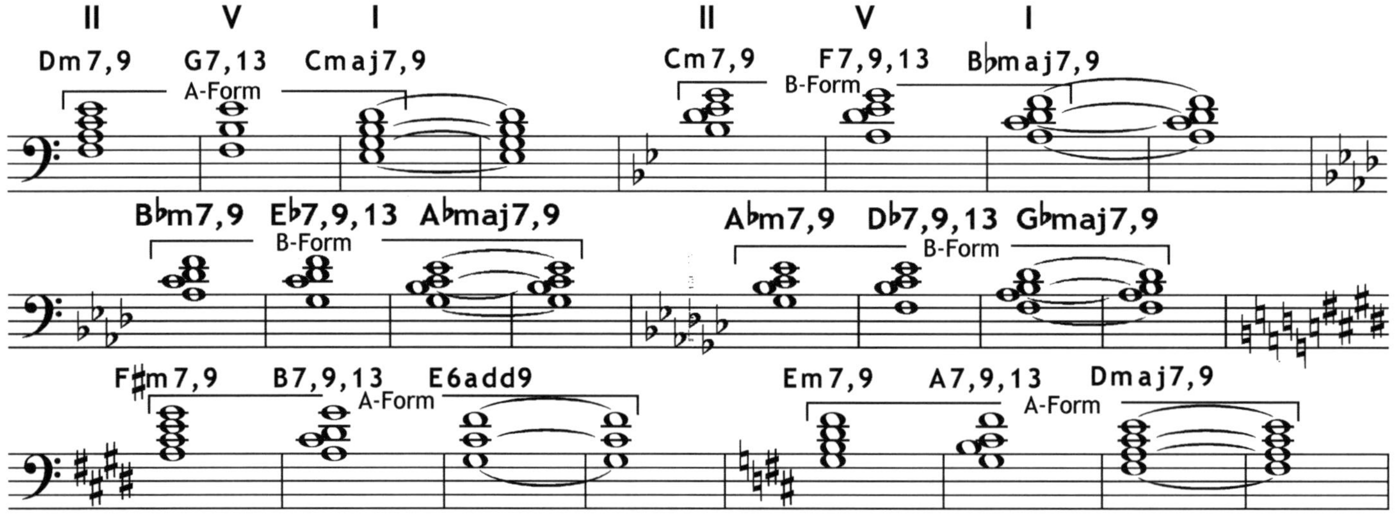

II V I — Dm7,9 G7,13 Cmaj7,9 (A-Form)
II V I — Cm7,9 F7,9,13 B♭maj7,9 (B-Form)

B♭m7,9 E♭7,9,13 A♭maj7,9 (B-Form)
A♭m7,9 D♭7,9,13 G♭maj7,9 (B-Form)

F♯m7,9 B7,9,13 E6add9 (A-Form)
Em7,9 A7,9,13 Dmaj7,9 (A-Form)

2. Kette

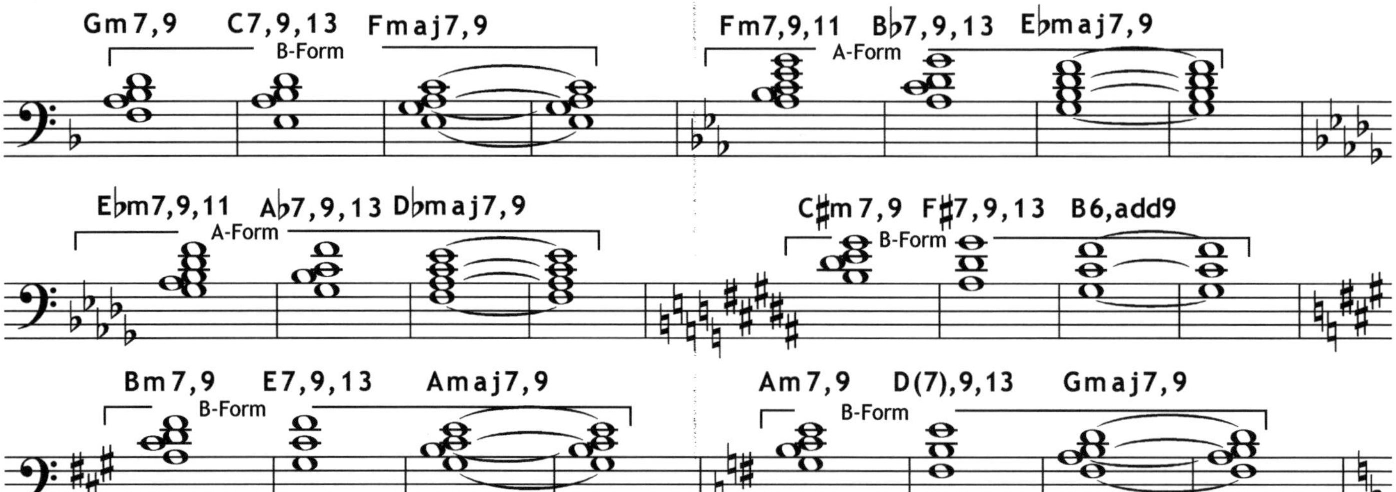

Gm7,9 C7,9,13 Fmaj7,9 (B-Form)
Fm7,9,11 B♭7,9,13 E♭maj7,9 (A-Form)

E♭m7,9,11 A♭7,9,13 D♭maj7,9 (A-Form)
C♯m7,9 F♯7,9,13 B6,add9 (B-Form)

Bm7,9 E7,9,13 Amaj7,9 (B-Form)
Am7,9 D(7),9,13 Gmaj7,9 (B-Form)

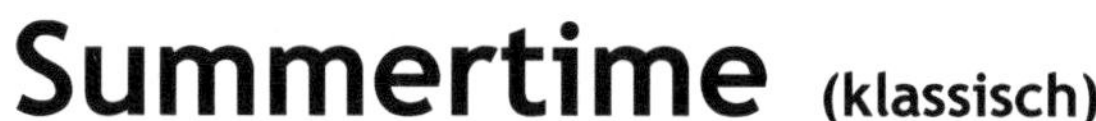

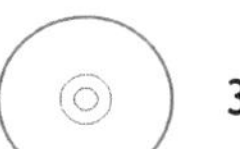

3

Music & Lyrics
Ira Gershwin, George Gershwin
Dorothy Heyward, DuBose Heyward

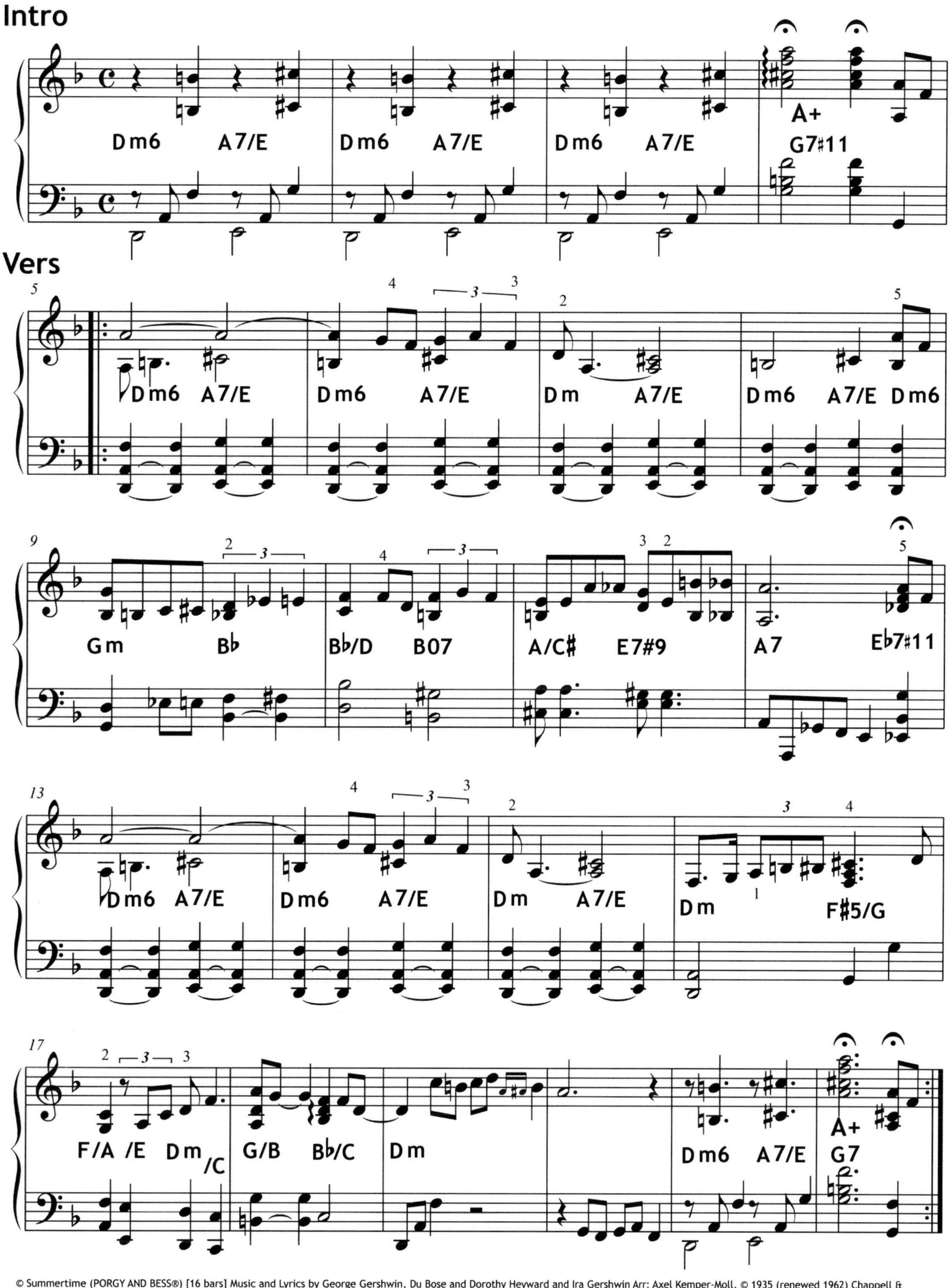

Intro

Dm6 A7/E | Dm6 A7/E | Dm6 A7/E | A+ G7♯11

Vers

5 Dm6 A7/E | Dm6 A7/E | Dm A7/E | Dm6 A7/E Dm6

9 Gm B♭ | B♭/D B07 | A/C♯ E7♯9 | A7 E♭7♯11

13 Dm6 A7/E | Dm6 A7/E | Dm A7/E | Dm F♯5/G

17 F/A /E Dm /C | G/B B♭/C | Dm | | Dm6 A7/E | A+ G7

Summertime / JAZZ

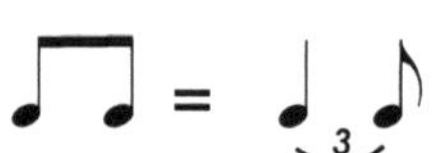

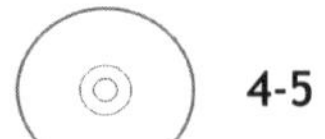

Music & Lyrics
Ira Gershwin & George Gershwin
Dorothy Heyward DuBose Heyward

ergänze in den Melodiepausen rechts One Hand-Voicings ohne Grundton: 3 od. 7 sollen unten liegen. Verwende den Lösungstonsatz nur kurz im Notfall. Der „Walkingbass“ kann „Schreiten“ (in Halben): **spiele links einzelne Töne**, und er kann in Vierteln „Laufen“ / einfache Version **spiele jeden Basston 2 x (s. Intro)**. Spiele als Improvisationsvorübung Tonleitern (beachte die Vorzeichen, s. Kästchen & S. 35). Immer möglich ist die **Bluestonleiter:**

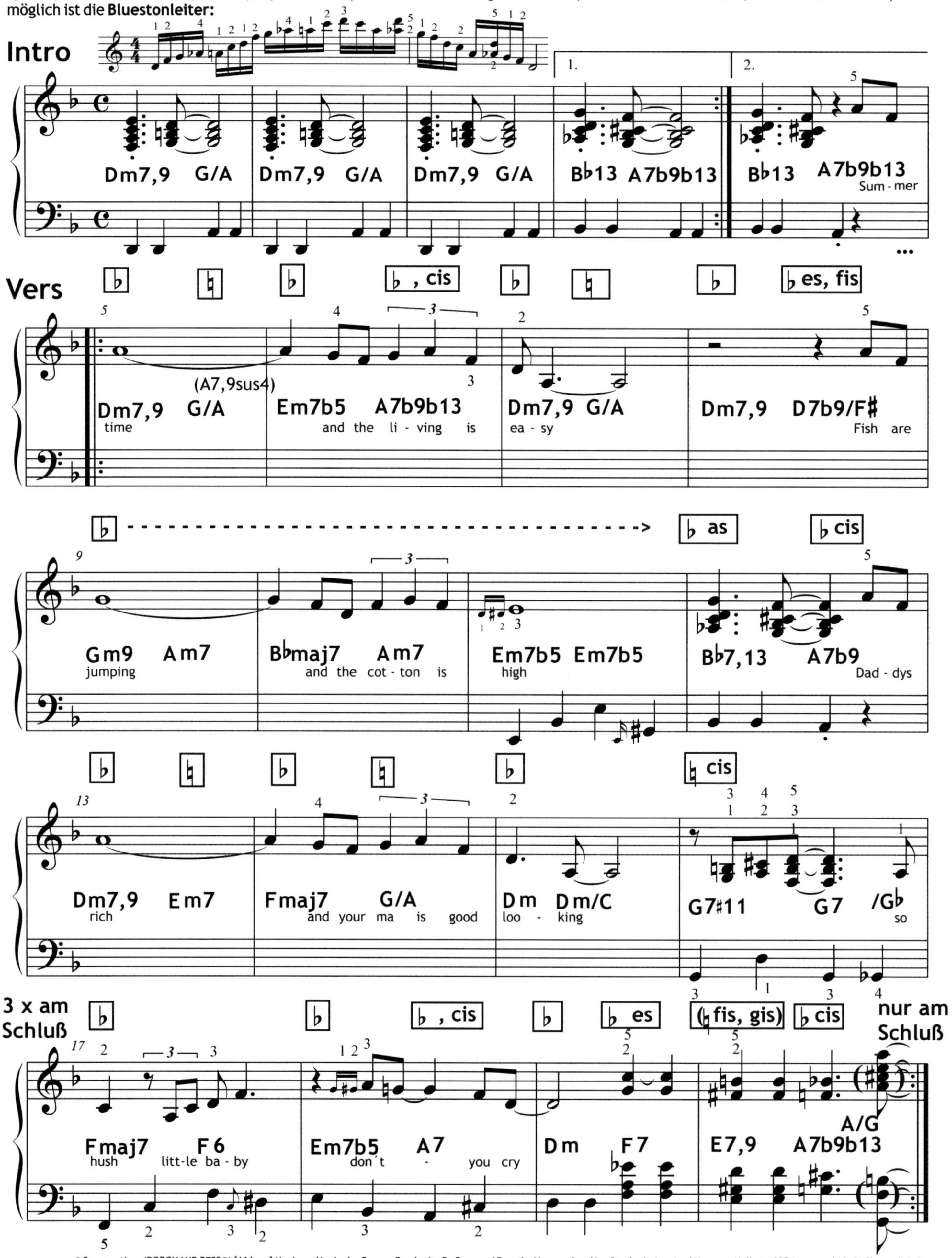

Intro

Dm7,9 G/A Dm7,9 G/A Dm7,9 G/A Bb13 A7b9b13 Bb13 A7b9b13
Sum - mer

Vers

Dm7,9 G/A (A7,9sus4) Em7b5 A7b9b13 Dm7,9 G/A Dm7,9 D7b9/F#
time and the li - ving is ea - sy Fish are

Gm9 Am7 Bbmaj7 Am7 Em7b5 Em7b5 Bb7,13 A7b9
jumping and the cot - ton is high Dad - dys

Dm7,9 Em7 Fmaj7 G/A Dm Dm/C G7#11 G7 /Gb
rich and your ma is good loo - king so

3 x am Schluß

Fmaj7 F6 Em7b5 A7 Dm F7 E7,9 A/G A7b9b13
hush litt-le ba - by don´t - you cry

nur am Schluß

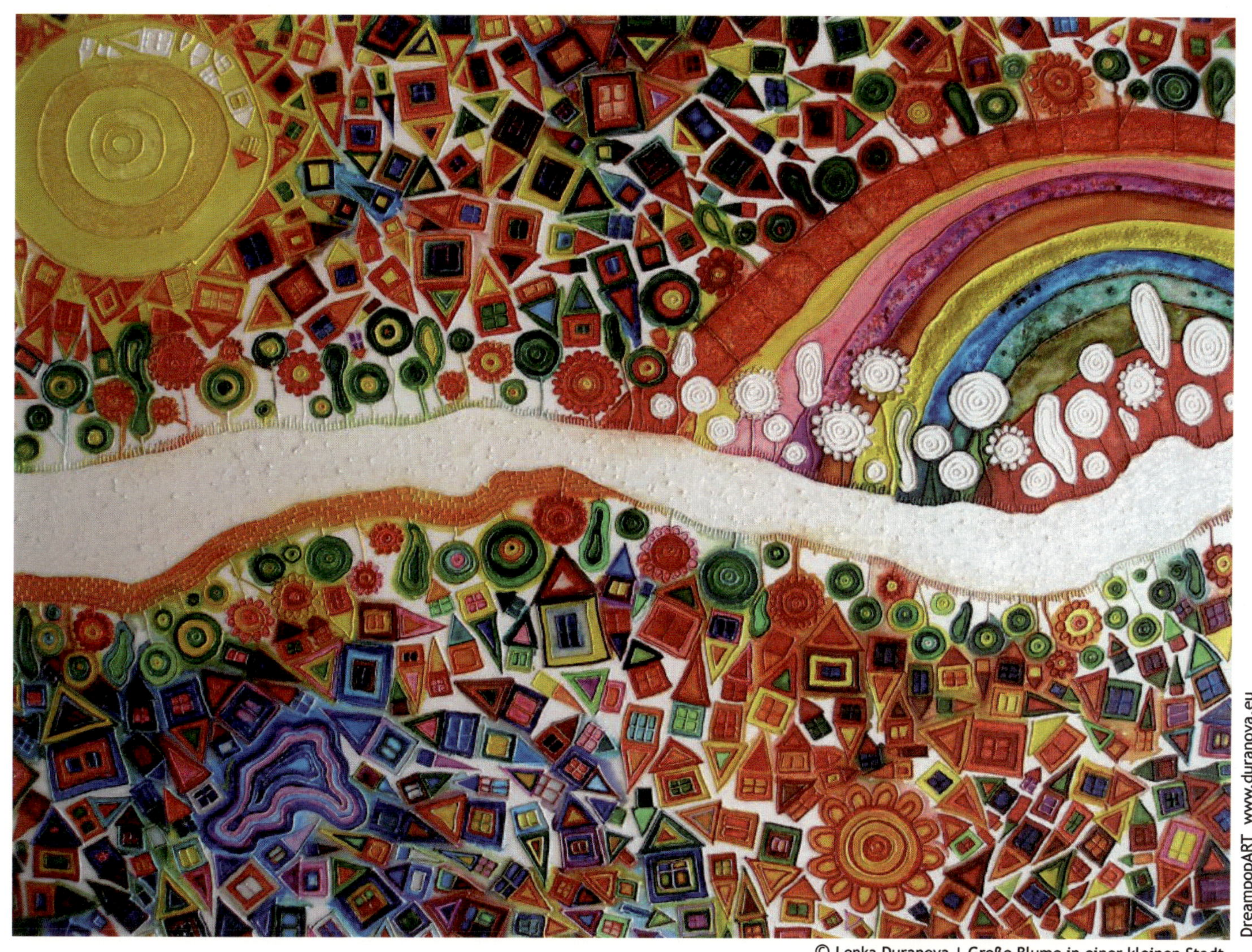

DreampopART www.duranova.eu

© Lenka Duranova | Große Blume in einer kleinen Stadt

Summertime / Jazz (Lösung: mit Walkingbass)

4-5

Music & Lyrics
Ira & George Gershwin
Dorothy Heyward DuBose
Heyward

Lese wieder die Akkordsymbole **S. 32, Ziel ist das Leadsheet-Spiel (ohne Doppelsystem).** Neben Vierteln & Tonwiederholungen im Walkingbass kann man Halbe (s. Vers/Takt 5-13), Akkordbrechungen & Annäherungen mit Ganz-, 1 oder 2 HT-Schritt(en) -> nächsten Basston (s. Takt 16-18) auch unabhängig von akkordeigenen Tönen machen.

Intro

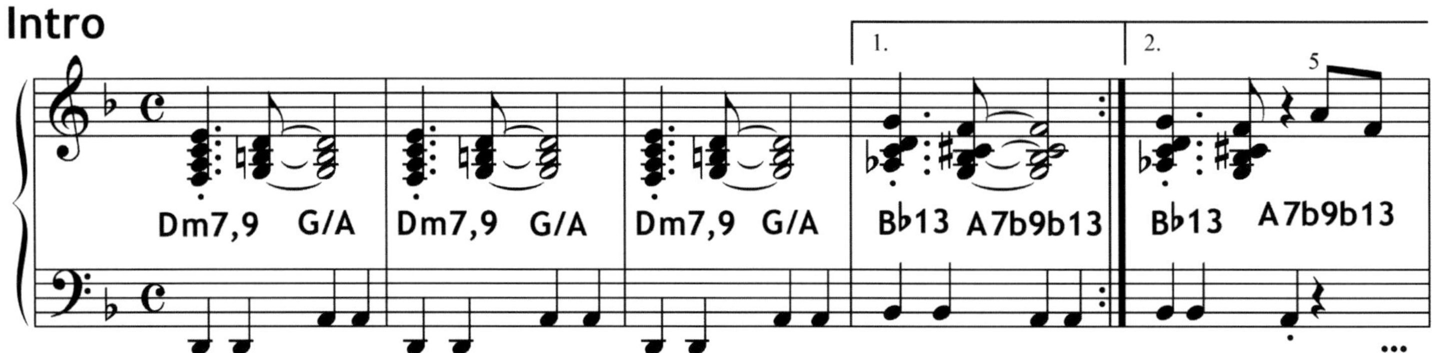

Die One Hand-Voicings wurden in Melodiepausen gebildet jeweils ohne Grundton: 3 od. 7 liegt unten. Der Walkingbass kann langsam „Schreiten": in Halben oder „Laufen" in Vierteln, z.B. jeden Basston 2x (im Übergang 5-10 sind Halbe & Viertel gemischt). Variationen s. Takt 8,11 & 17-18.

Vers

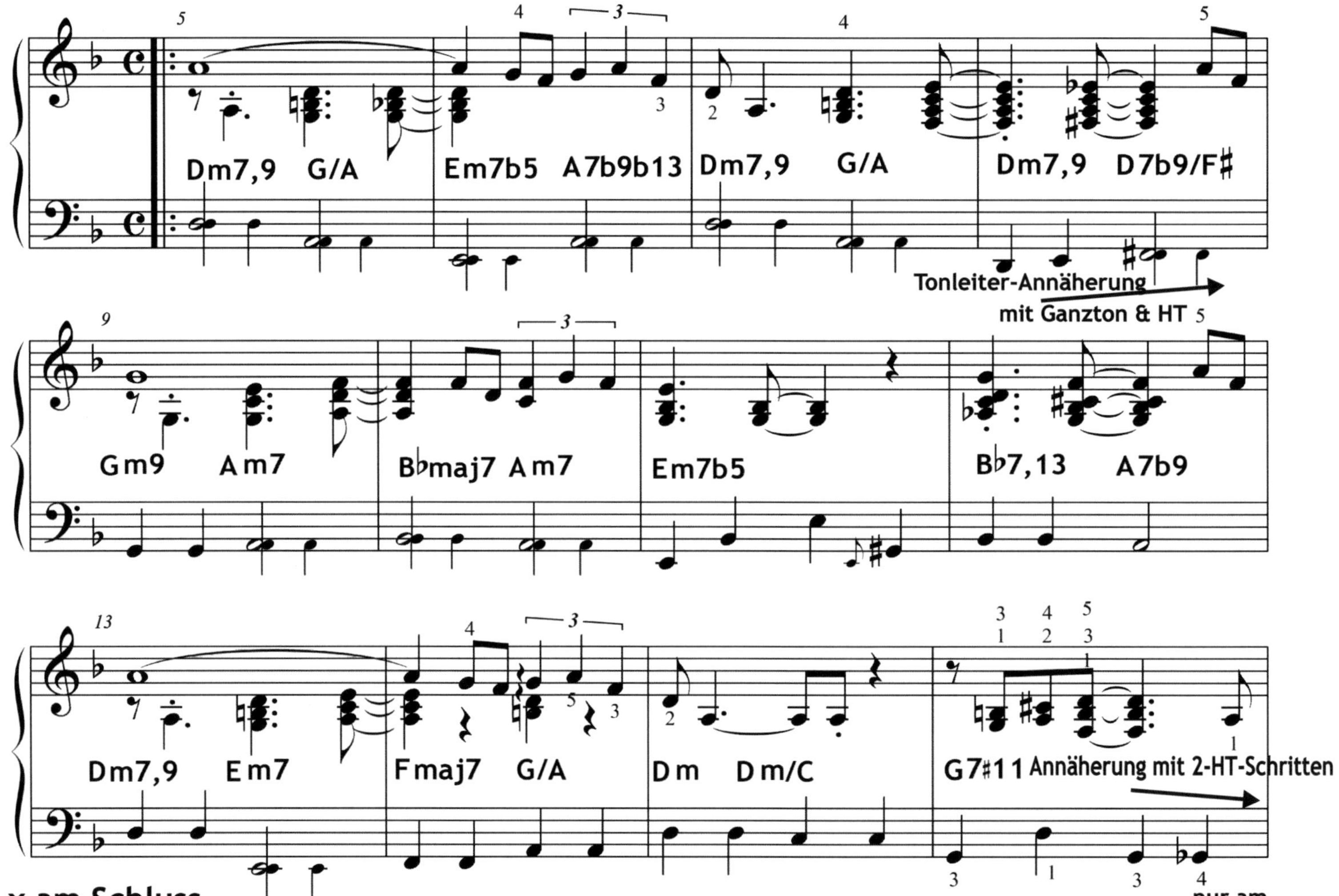

Dm7,9 G/A | Em7b5 A7b9b13 | Dm7,9 G/A | Dm7,9 D7b9/F♯

Tonleiter-Annäherung mit Ganzton & HT

Gm9 Am7 | B♭maj7 Am7 | Em7b5 | B♭7,13 A7b9

Dm7,9 Em7 | Fmaj7 G/A | Dm Dm/C | G7♯11

Annäherung mit 2-HT-Schritten

3 x am Schluss

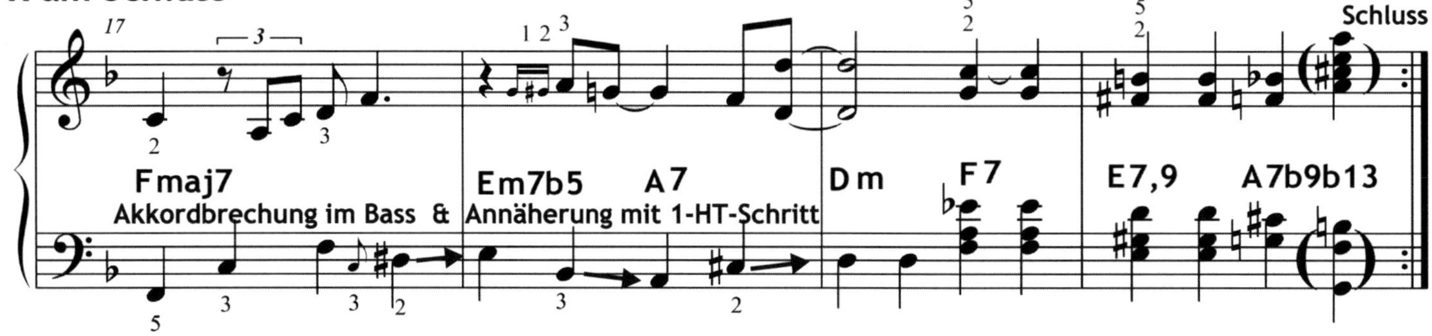

Fmaj7 | Em7b5 A7 | Dm F7 | E7,9 A7b9b13

Akkordbrechung im Bass & Annäherung mit 1-HT-Schritt

nur am Schluss

Summertime / Jazzband

4-5

Music & Lyrics:
Ira Gershwin & George Gershwin
Dorothy Heyward DuBose Heyward

Hier würde der Bassist den Walkingbass übernehmen. Spiele links One Hand-Voicings und rechts die Melodie. **Intro s. S. 32.**
Improvisationsvorübung: Takt 5-8, setze ab Takt 9/ Zeile 3 sinngemäß fort. Spiele ohne CD Tonleitern/ Skalen über die Akkorde vom Akkordgrundton aus. Beachte die Vorzeichen (s. Kästchen). Spiele die Tonleitern danach (in Achteln & ohne CD) ineinander übergehend, wähle beliebige Wendepunkte. „Creativabteilung": Zögern, Korrigieren erwünscht! Baue Pausen, Intervallschritte, Sequenzierungen (Wiederh. eines Motives auf einer anderen Stufe), andere Notenwerte & Melodien ein.

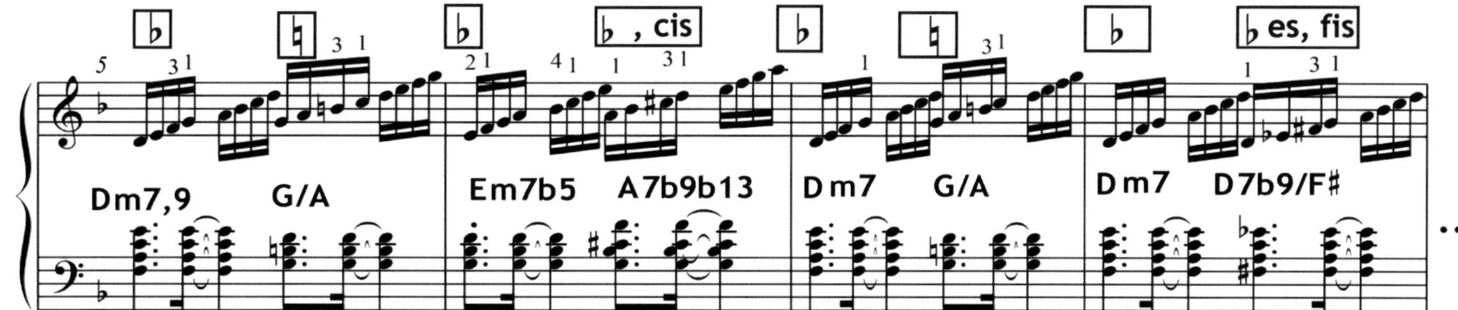

Spiele wieder nach Melodie + Akkorden S. 32, Ziel ist das Leadsheet-Spiel (ohne Doppelsystem).
Die One Hand-Voicings wurden ohne Grundton gebildet: 3 od. 7 liegt unten.

Vers

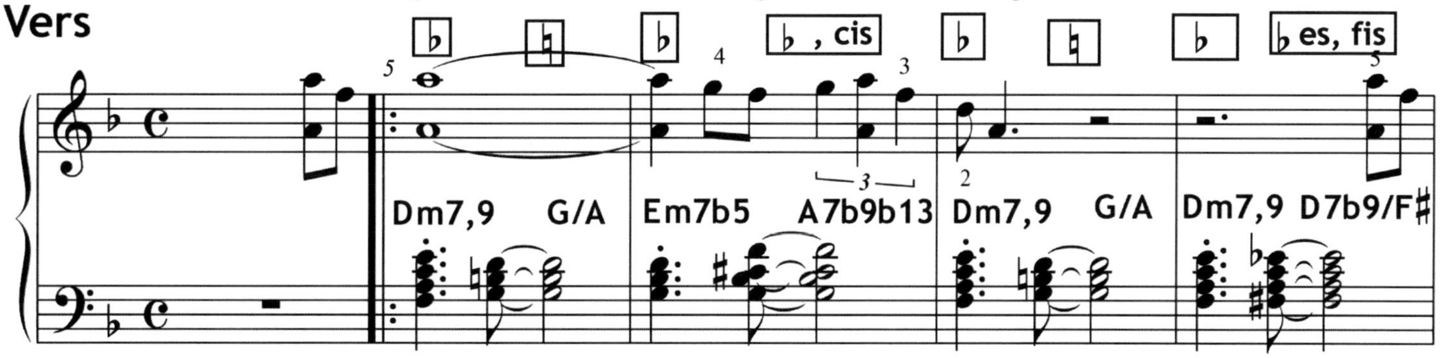

♭ ♮ ♭ ♭ , cis ♭ ♮ ♭ ♭ es, fis

Dm7,9 G/A | Em7b5 A7b9b13 | Dm7,9 G/A | Dm7,9 D7b9/F♯

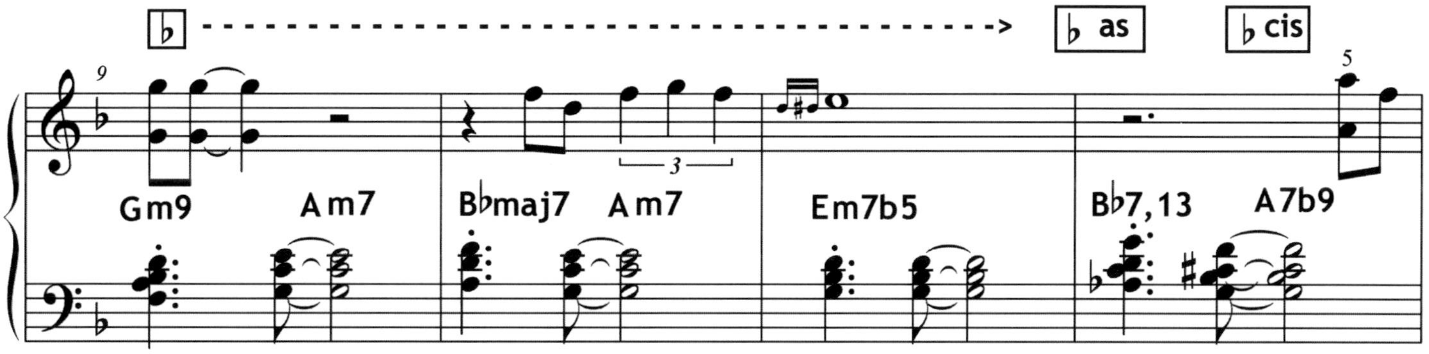

♭ -> ♭ as ♭ cis

Gm9 Am7 | B♭maj7 Am7 | Em7b5 | B♭7,13 A7b9

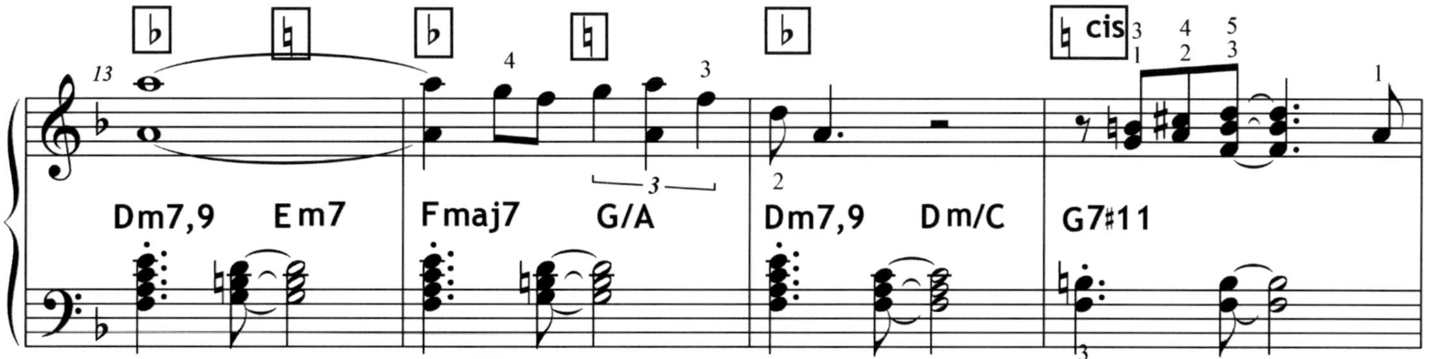

♭ ♮ ♭ ♮ ♭ ♮ cis

Dm7,9 Em7 | Fmaj7 G/A | Dm7,9 Dm/C | G7♯11

3 x am Schluss ♭ ♭ ♭ , cis ♭ ♭ es (♮ fis, gis) ♭ cis nur am Schluss

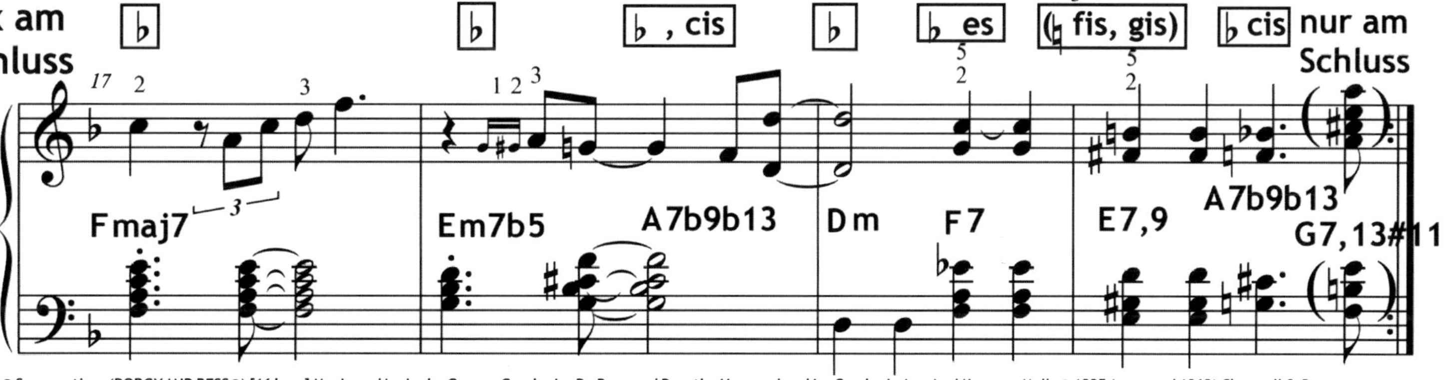

Fmaj7 | Em7b5 A7b9b13 | Dm F7 | E7,9 A7b9b13 G7,13♯11

Die wichtigsten **Improvisationsvorübungen für JAZZ & POP**

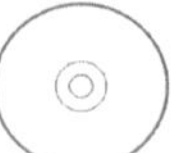

Hier sind 2 x 6 II-V-I-Verbindungen (s. S. 72) mit Lefthandvoicings (s. S. 30) und der entsprechenden Durtonleiter verknüpft in 2 Ketten. Tonleiterfingersatz: 1. Der Daumen soll nicht auf eine schwarze Taste. 2. wenn man über 2 Oktaven ginge sollte sich der Fingersatz nicht verschieben. In der Band würde man die Basstöne dem Bassisten überlassen. Alleine könnte man anstelle des 1. Akkordes zuerst den Akkordgrundton spielen (s. 1. Zeile):

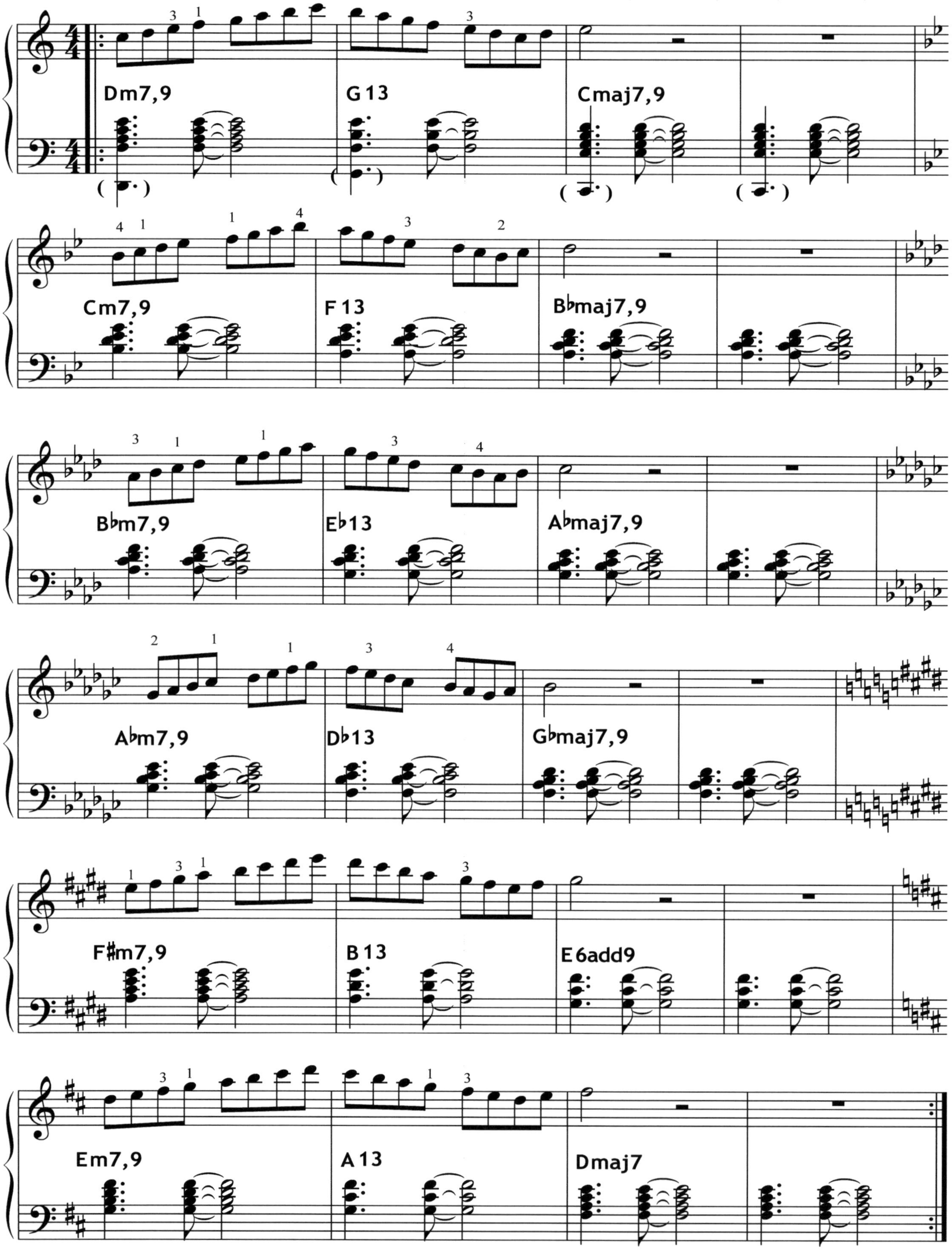

Dm7,9 G13 Cmaj7,9

Cm7,9 F13 B♭maj7,9

B♭m7,9 E♭13 A♭maj7,9

A♭m7,9 D♭13 G♭maj7,9

F♯m7,9 B13 E6add9

Em7,9 A13 Dmaj7

II V I - Verbindungen in Dur (2. Kette)

7

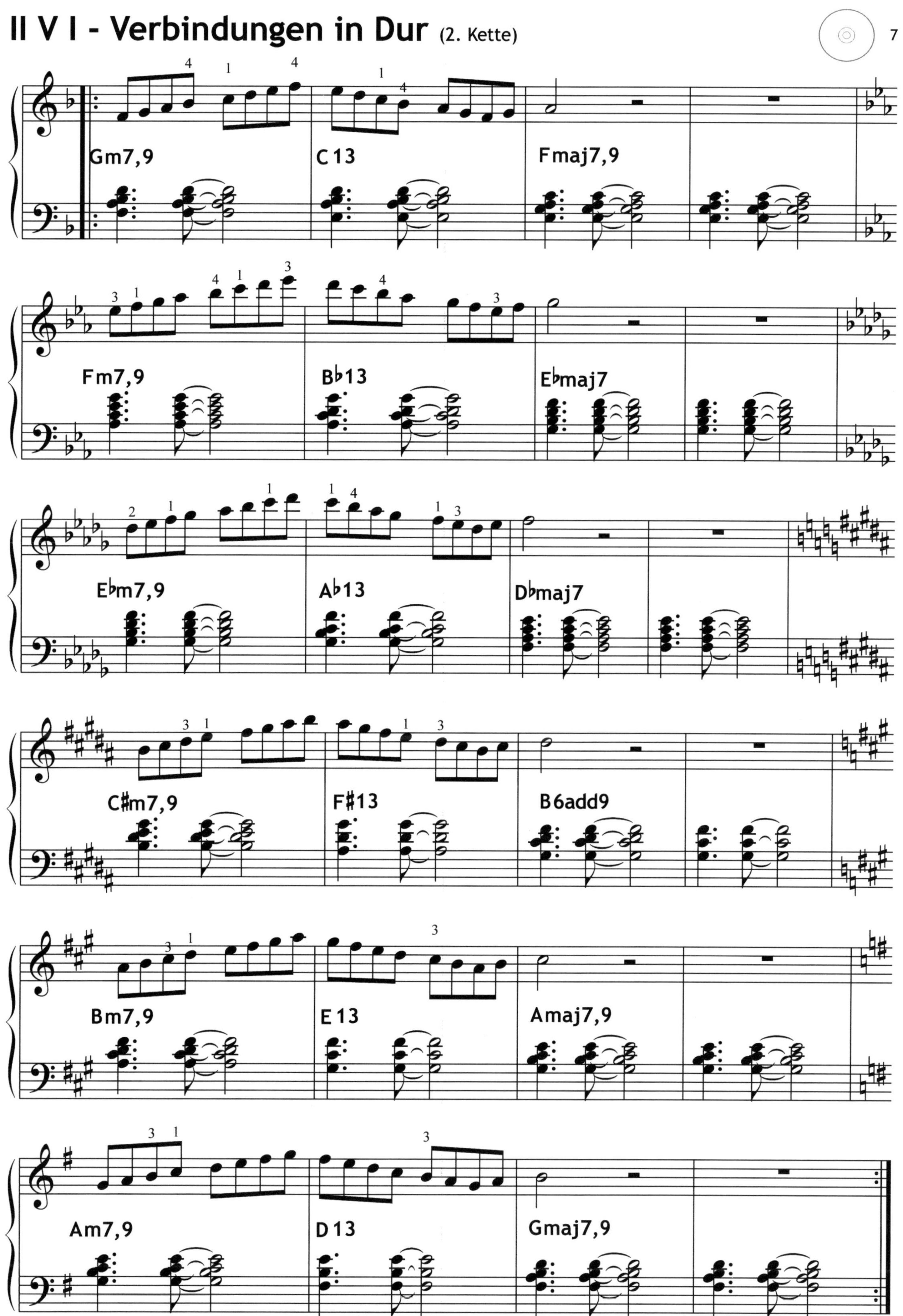

Two Hand-Voicings

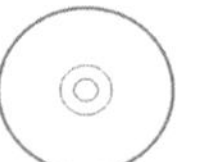

Auch hier gilt im tiefen „Brumm"-Bereich: **SETZ LINKS DIE MITTLEREN TÖNE HOCH.** Es ergeben sich **links 5 Varianten: X(m): 1 | 5 X/Y: Sexte & X7: 1 | 7 & 1 | 3 | 7 X7sus4: 1 | 4 | 7**
Diese Voicings kommen in vielen berühmten Stücken und Begleitpattern vor: Piano Man, Father & Son, You´ve got a friend, Oh happy Day, ... Die Mittelstimmen bewegen sich hier parallel.

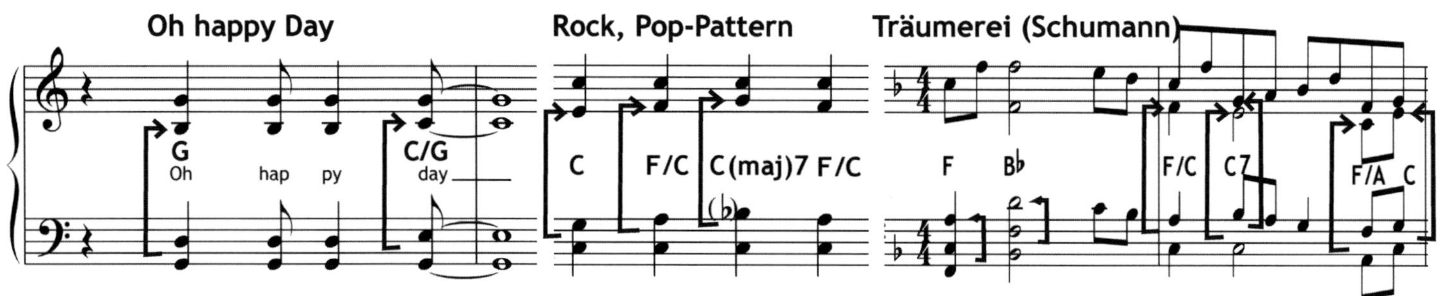

Für X7(/9) L: 1 | 7 | 10 R: 5 | 8 (9) (s. S.39 Bb7) **od. 1 | 3 | 7 R: 9 | 5**

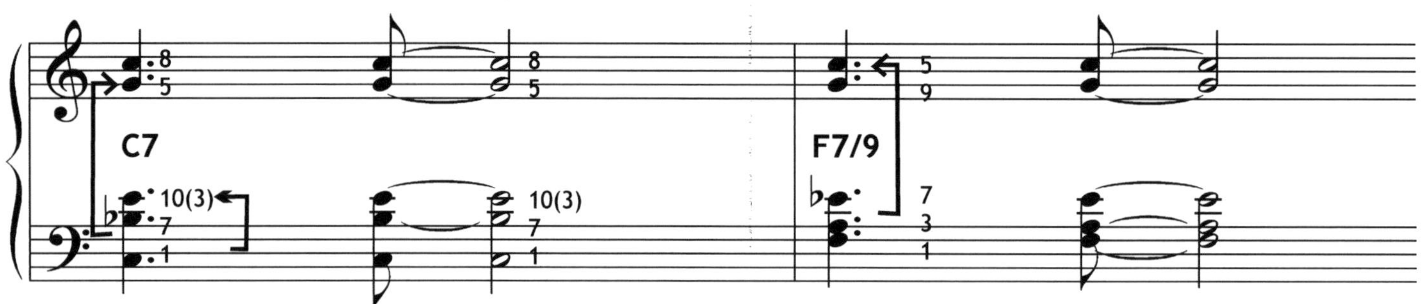

Beispiel im James Brown-Stil: L: 1 | 3 | 7 R: 9 | 5

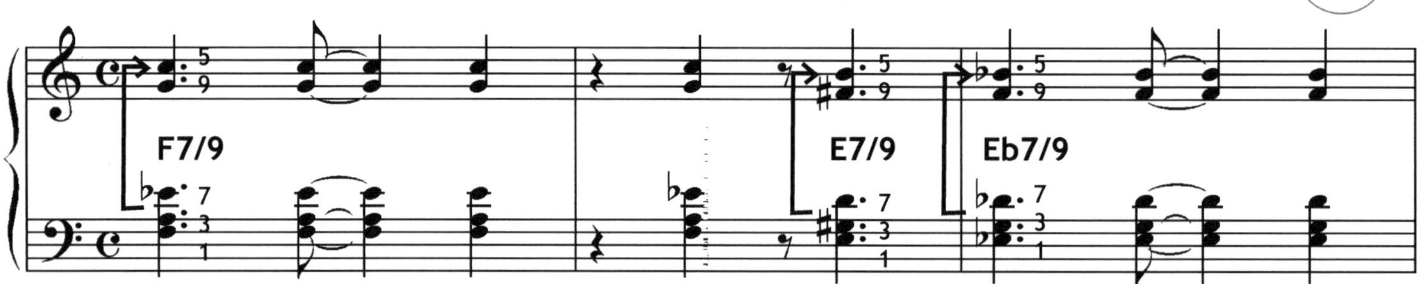

In der linken Hand kann anstelle der Terz die sus4 gespielt werden. Rechts kann in der Oberstimme der Grundton verdoppelt werden. 2 Quartenakkorde **L: 1 | 4 | 7 R: 9 | 5 | 8**

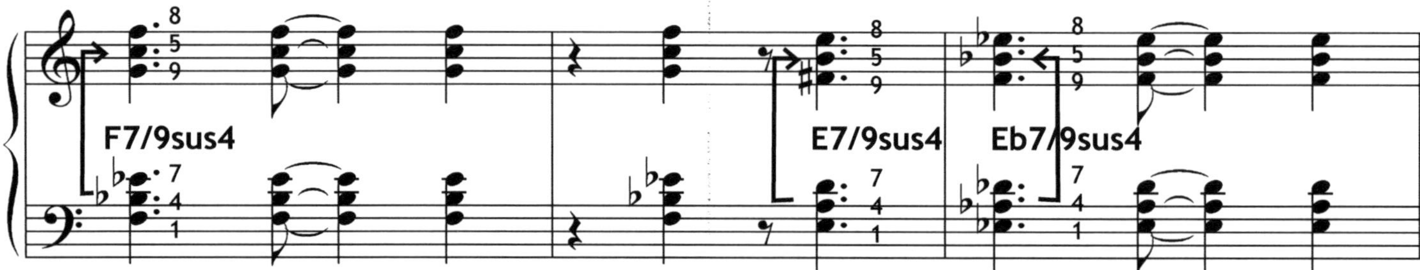

<u>Allgemein werden Verdoppelungen, wenn überhaupt, eher in Zusammenhang mit der Oberstimme gemacht.</u>
Die Funktion den Grundton (1) bzw. den Basston (bei Schrägstrichakkorden) zu spielen, kann in der Bandspielsituation auch an den Bassisten abgegeben werden. <u>In diesem Fall können diese Voicings auch ohne Basston gespielt werden.</u>

Twohand Voicing-Tabelle (einfach)

Hier können wir uns zunächst auf wenige Varianten konzentrieren. Bei Verteilung der Töne auf beide Hände ergeben sich weite Lagen. Sie klingen sehr klar, offen, groß, luftig, weit, ... Die tiefen Töne brauchen mit ihren größeren Schwingungen mehr Platz (Brummgefahr bei Terzen).

SETZ (L) WIEDER DEN / DIE MITTLEREN TÖNE HOCH (sie können rechts ergänzt werden, s. Pfeile).

L | **R**

Melodieton + übrige Akkordtöne
Verdoppelungen bevorzugt Oberstimme möglich

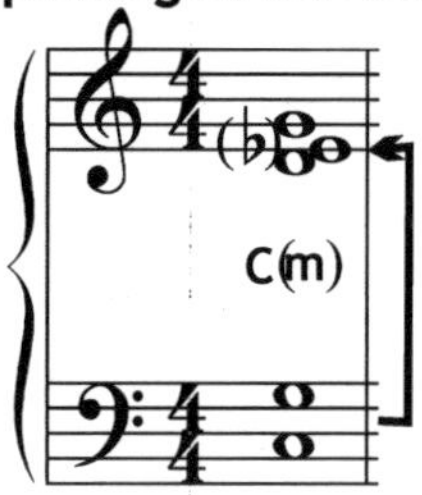

X(m)(7)

L: (10)(8) / 5 / 1

C(m)

R: 5 / 10 / add (9)

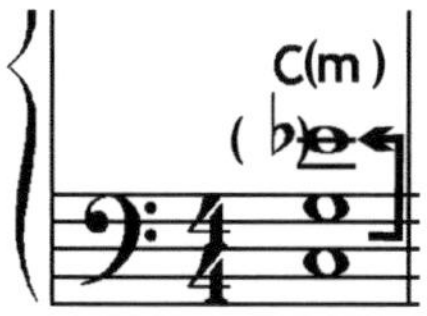

ab Bb7 Untergrenze
1 | 7 | 10 (s. vorige Seite)

X(m)7(9)

(R:) (10) / 7 / 7 3 / 1 1

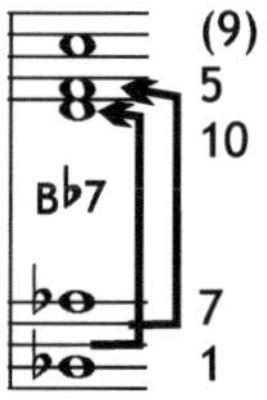

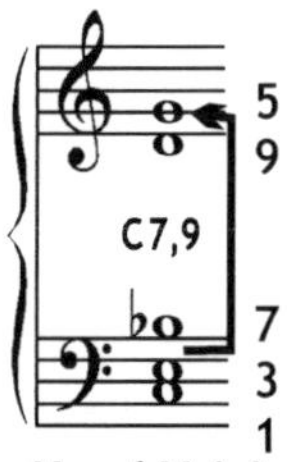

Bb7: (9) 5 10 / 7 1

C7,9: 5 9 / 7 3 1

R: 9(8) 5 / 5 9 / 10(3)

X7sus4

L: 7 / 4 4 / 1 7 / 1 --> 3

z.B.: One-Hand-Voicing: Dur GT

G7,9sus4 G7 — F/G G7,9sus4 ohne 5 (Popdominante) — 4->3

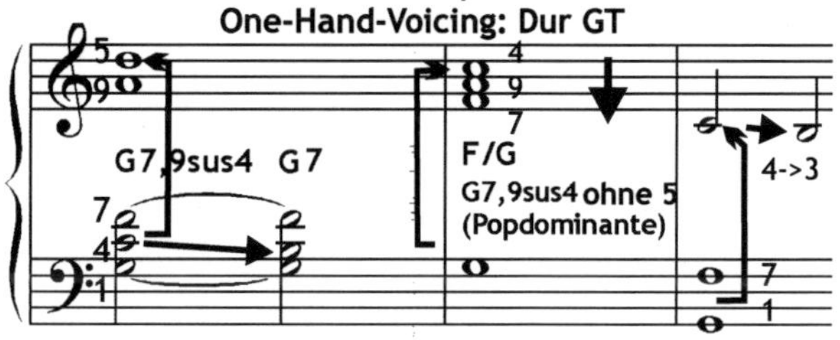

L: alternativ: 1

R: 5 / 9

od. One-Hand-Voicing: sus4 (11) / 9 / 7

bei X/3 keine Terzverdoppelung

X/Y
Umkehrung
L: Daumen ↑
Sexte greifen

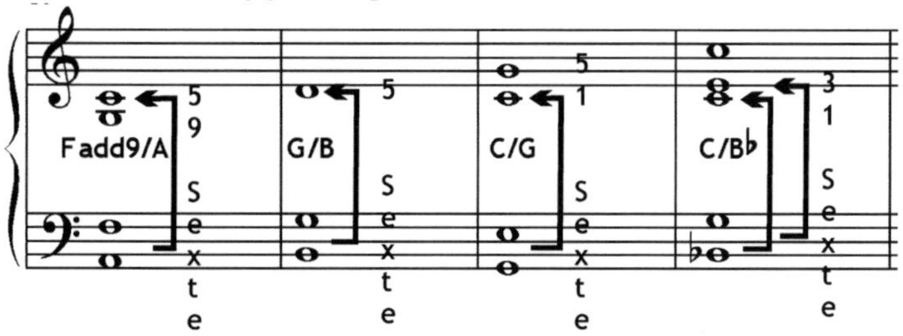

Fadd9/A: 5 9 / Sexte — G/B: 5 / Sexte — C/G: 5 1 / Sexte — C/Bb: 3 1 / Sexte

bei X/3: 5 / 9

ab und zu kommt mal ein m11-Akkord. Er klingt besonders "fett und warm". Hier kann trotz Septime links 1 | 5 | b10 verwendet werden:

Xm11

L: b10 / 5 / 1

Upperstructure 7 / 9 / 11
greife R: Durakk GT tiefer
Untergrenze
ca. Dm11

R: 11 / 9 / 7 / 11 (8 ba)

alternativ: b10 / 7 / 11

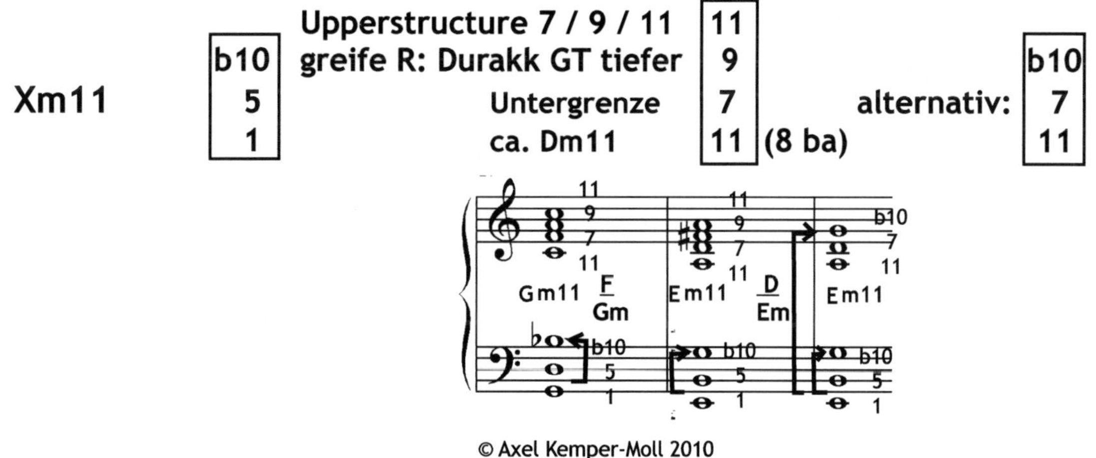

POP & LATIN-Pattern (links) & Improvisationsvorübung 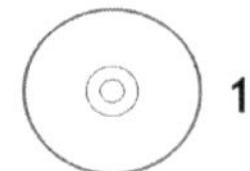 10

Als Steigerungsmodell für POP & LATIN findest Du 4 Variationen (links) A, B, C & C2 vom Bossanova-Rhythmus abgeleitet. Klatsche, trommle, & spiele (Level C & C2 tief & hoch) zu Metronom (120-) 150 od. zur Aufnahme s. CD:

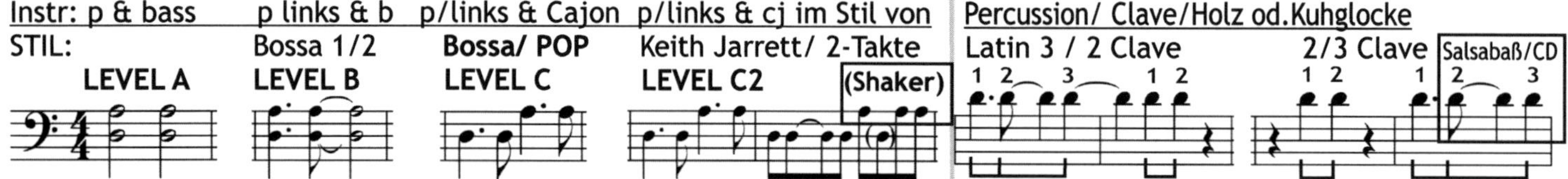

Spiele zum Finden der Voicings Beautiful Love S. 41 links zunächst in Halben: Intensitäts-Level A. Level B kennst Du von Summertime/ Swing, es wird hier „binär" (nicht triolisch) gespielt. Wenn Intensitäts-Level C & C2 zu schwer ist bleib zunächst bei (A &) B: Spiele danach alle 3 Level/ Lefthandpattern + Tonleiter rechts in: 𝅗𝅥, ♩, ♪, 𝅘𝅥𝅯 & Triolen. Spiele so lange, bis es sich ganz ruhig anfühlt und keine Schwankungen, Kontrollprobleme, Fingersatzfehler, ... mehr auftreten. Wenn die Begleitung steht, wirst Du rechts schöner spielen, improvisieren, ... können. „Ein Haus baut man von unten!"

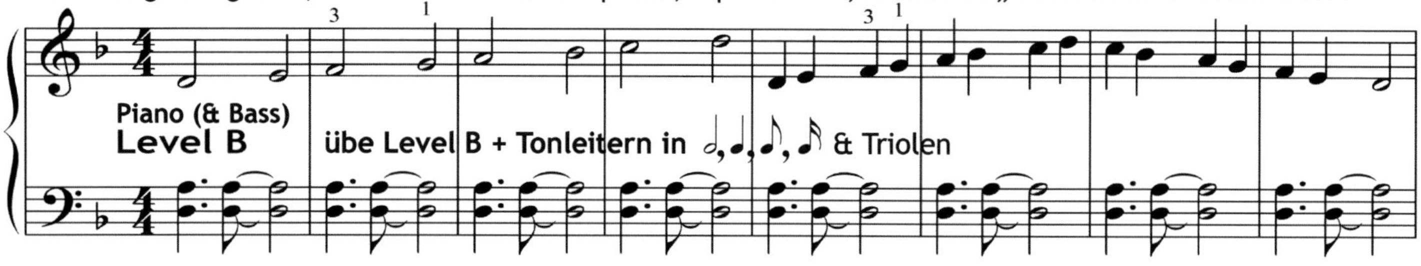

Piano (& Bass)
Level B übe Level B + Tonleitern in 𝅗𝅥, ♩, ♪, 𝅘𝅥𝅯 & Triolen

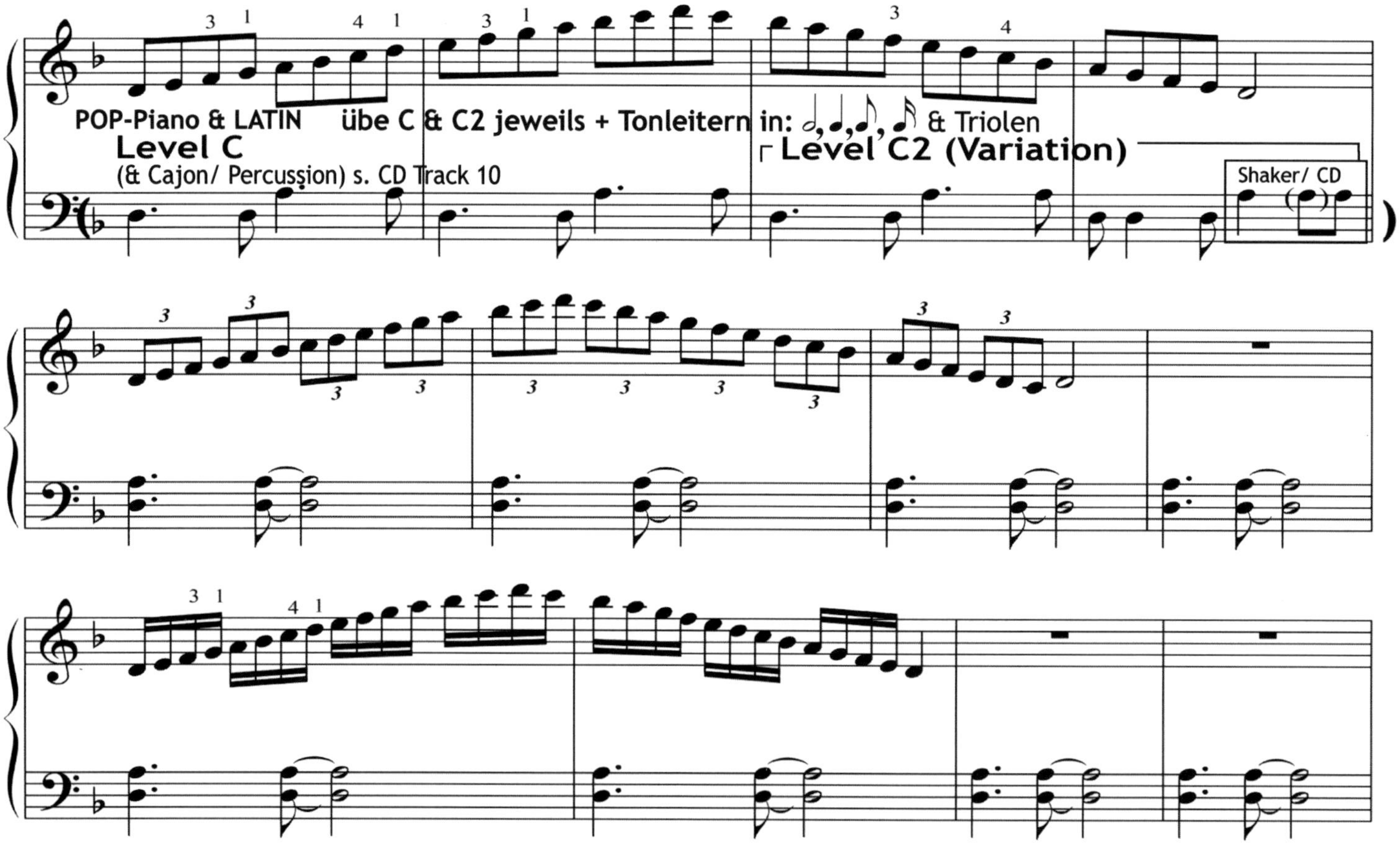

POP-Piano & LATIN
Level C übe C & C2 jeweils + Tonleitern in: 𝅗𝅥, ♩, ♪, 𝅘𝅥𝅯 & Triolen
(& Cajon/ Percussion) s. CD Track 10
Level C2 (Variation)
Shaker/ CD

Improvisationsvorübung: Spiele Tonleitern/ Skalen über die Akkordfolge jeweils vom Akkordgrundton aus. Beachte die Vorzeichen (s. Kästchen) und lese die Akkordsymbole. Spiele links 1 (| 3)| 7 od. 1 | 5 + Lefthandpattern A-C2 . Auf 2 + & 4 + verwendet man oft schon die Töne des folgenden Akkordes (Takt 3-4 s.u.). Spiele danach die Tonleitern ineinander übergehend, wähle beliebige Wendepunkte. Baue Pausen, Sequenzierungen (Wiederholung eines Motives auf einer anderen Stufe), Melodien, ... ein.

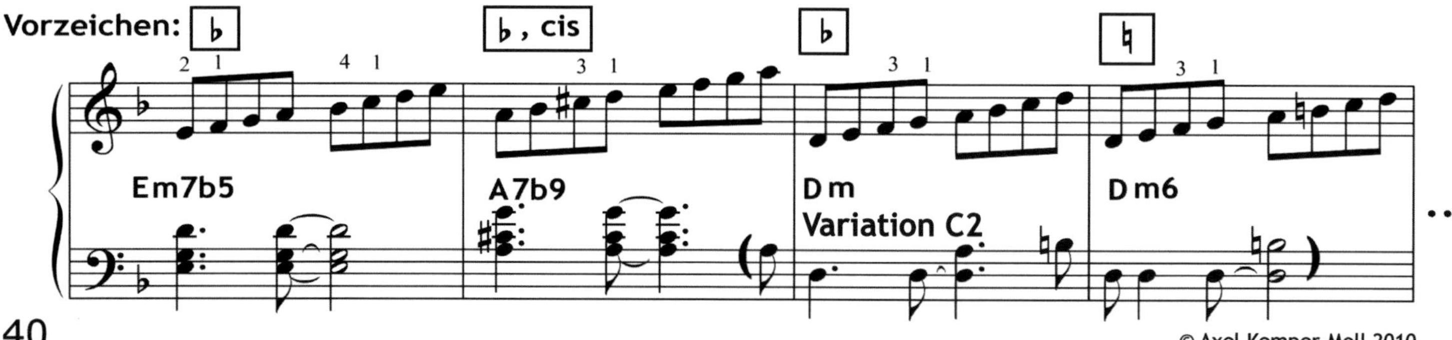

Beautiful Love (Leadsheet)

10-12

comp: Egbert Van Alstyne, Victor Young & Wayne King

Versuche mit Two-Hand-Voicings auszusetzen. Spiele links zunächst Halbe od. Ganze Noten **(Level A s. S. 40).**
LASS LINKS DEN MITTLEREN TON WEG: Meist: 1 | 5 [(b)10], 1 | 7 | (b)10 (od. 1 | 3 | 7) 7sus4: 1 | 4 | 7 (Auflösung sus4 -> 3). Fehlende Akkordtöne können rechts ergänzt werden. b10 od. 10 je nach Dur od. Moll. Spiele die Töne der Linken mit den Lefthandpattern/ 4 Levels (s. S. 40 & Lösungstonsatz). Verdoppelungen sind möglich jedoch eher von Meldodietönen. **1 | 5 | (b)10 kann auch für Akkorde mit 7 passen. Übe die passenden Skalen (s. Vorzeichen).**
Viel Spaß!

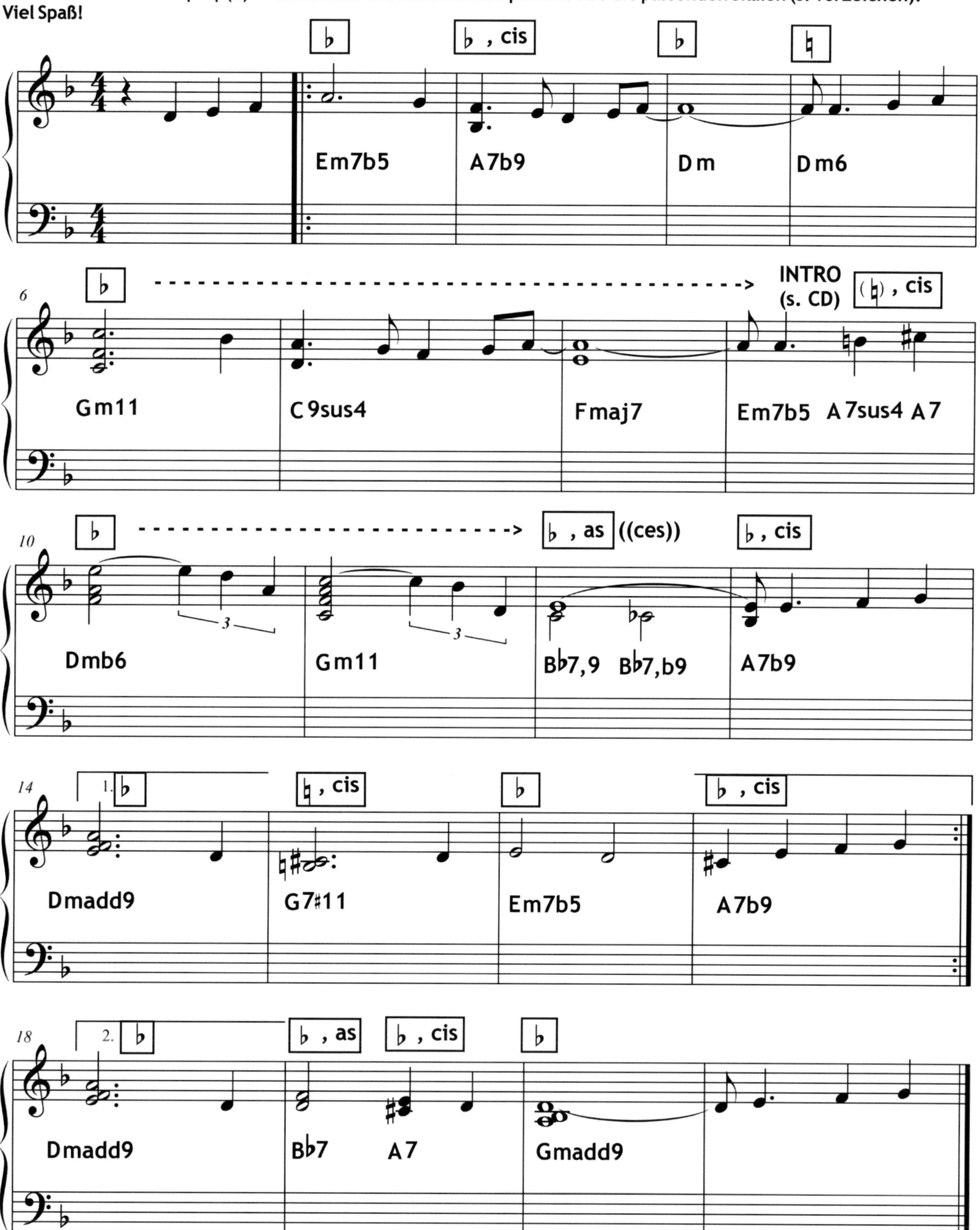

Beautiful Love (Lösung im Stil von Keith Jarrett)

10

comp: Egbert Van Alstyne, Victor Young & Wayne King

Im Lefthand-Pattern wurden Level A, B, C & C2 gemischt (s. S.40). Der folgende Akkord wird oft auf 2 + (2 Akk./ Takt) & 4 + vorweggenommen: z.B. 4+ letzter Takt Zeile 2 -> 3. Zeile: A7b9sus4. Beim Salsabass (auf 2+ & 4 s.CD) wird sogar auf Zählzeit 4 schon der folgende Akkord gespielt, ebenfalls im Latin-Two-Hand-Pattern (Em7b5 auf 4 + vorletzter Takt s.u.). **1 | 5 | (b)10 kann auch für X(m)7 passen (s. Gm11 & Fmaj7 Zeile 1&2).** Spiele wieder nach dem Leadsheet (S. 41):

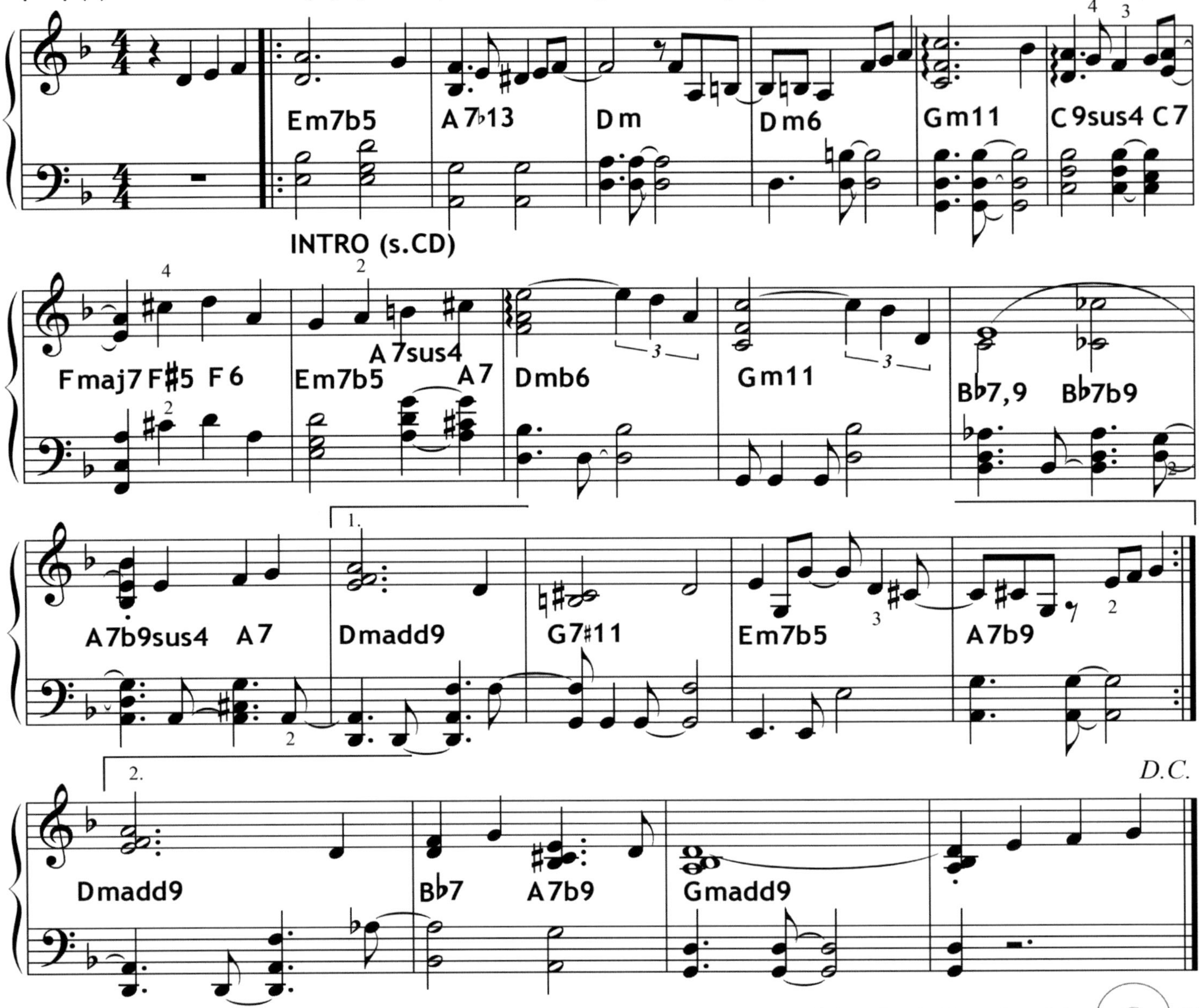

Em7b5 | A7b13 | Dm | Dm6 | Gm11 | C9sus4 C7

INTRO (s.CD)

Fmaj7 F#5 F6 | Em7b5 A7sus4 A7 | Dmb6 | Gm11 | Bb7,9 Bb7b9

A7b9sus4 A7 | 1. Dmadd9 | G7#11 | Em7b5 | A7b9

2. Dmadd9 | Bb7 A7b9 | Gmadd9 | D.C.

höre: Track 10 nach p-Solo 10

Two-Hand-Latin-Pattern & Variation (Bandsituation/ für Fortgeschrittene)

Du kannst das Latin-Pattern eine Weile "schaukeln" / wiederholen, bevor Du zur Variation wechselst. Viel Spass!

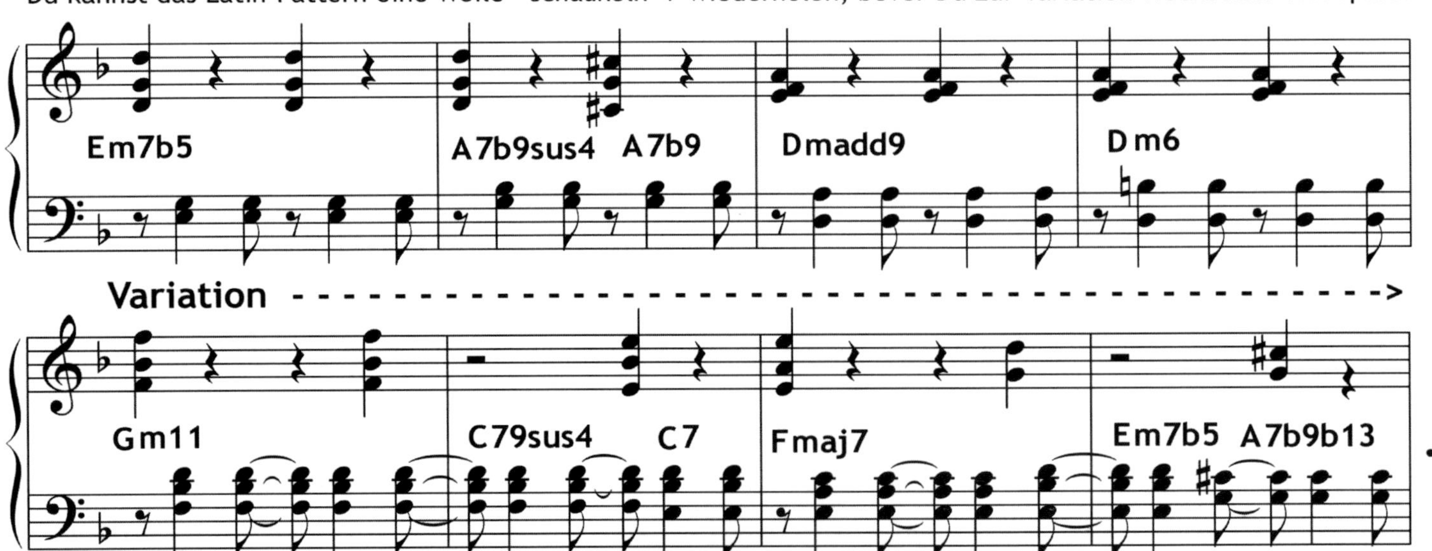

Montuno / Salsapiano / Kuba (zu Beautiful Love s. S. 41)

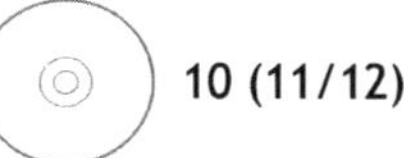

„Montuno-“ (Bergkette in Kuba) Oktavfiguren laufen oft **A: vom Akkordgrundton in Sekundschritten abwärts A´: von der 7 (der IIm) -> Leitton des V7. B: zum nächsten Akkordgrundton / „Berggipfel“. (C: Variationen)** Auf der CD hört Ihr nach dem p-solo das Latin-Pattern (s. S.42), dann zur „Clave“ (s. S.40) Hölzer (od. Kuhgl.) die „Salsa-/ Montunofiguren“. Achte auf die „Melodie“, die sich in den Oktaven ergibt. Sie kann Dir auch noch andere „Wege“ zeigen. **Nimm rechts zuerst A: den Dreiklang in Grundform ohne Oktaven (kleine Noten). Lass den Daumen (R) wandern: L & R in Oktaven parallel.** Setze den Montuno fort, Akkorde s. S. 41. Viel Spass!

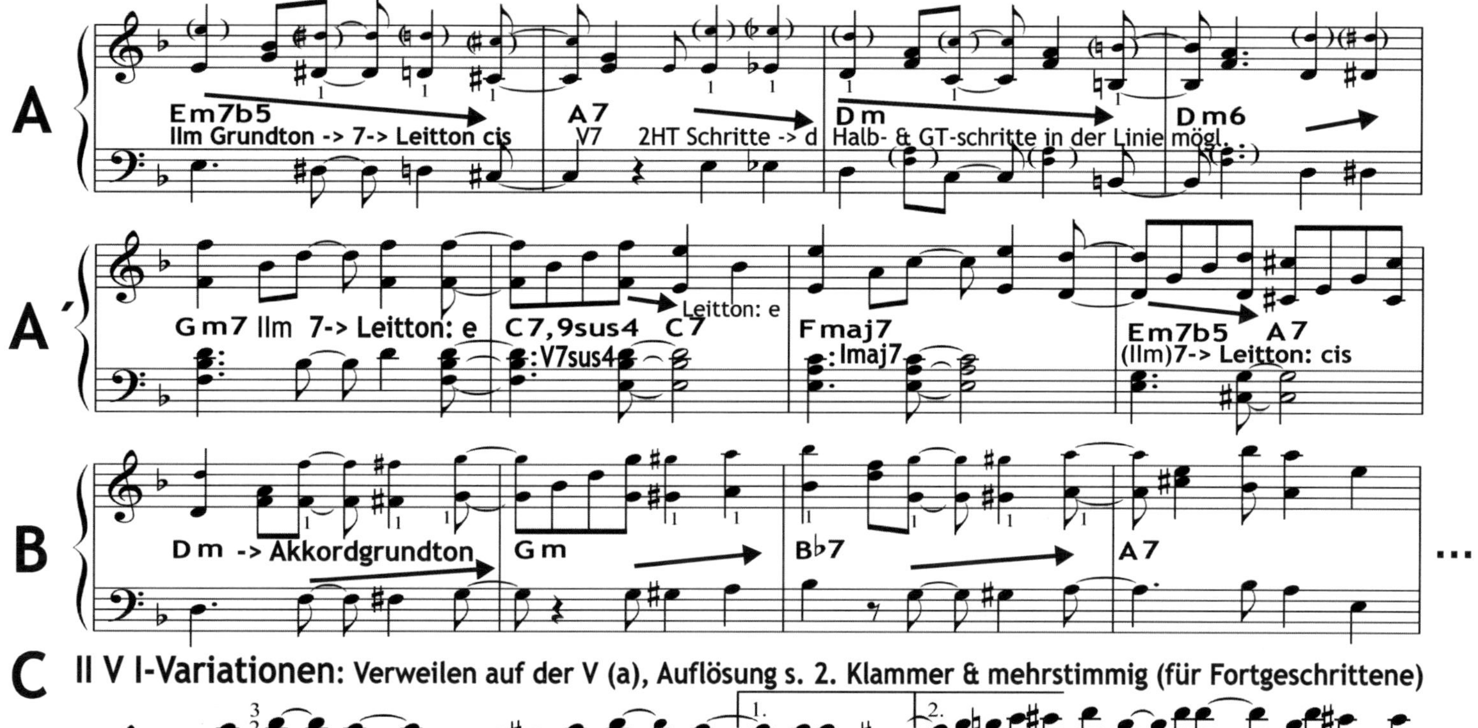

C **II V I-Variationen:** Verweilen auf der V (a), Auflösung s. 2. Klammer & mehrstimmig (für Fortgeschrittene)

Em7b5 IIm7b5 | A7 V7 | Dm Im | Dm | Dm | Em7b5 | A7sus4 A7

Gängige Auflösungstendenzen (s. Tabelle S. 45)

Neben Leit- & Gleitton (3/7 Voicings s. S. 29) findet man oft folgende Auflösungen (viele sind fallend):

sus4 -> 3 (10) 9 -> b9 13 -> b13 & #4/ #11 (steigend)->5

Anstelle der 5 kann man die 13 spielen, sie kann sich -> 5 auflösen (muss nicht) alternativ: 9/13 -> b9 b13.
Die 6 kann die 7 ersetzen 1 | 3 | 6 (Takt 4 s.u.). In der Band würde der Bass die tiefen Töne spielen.

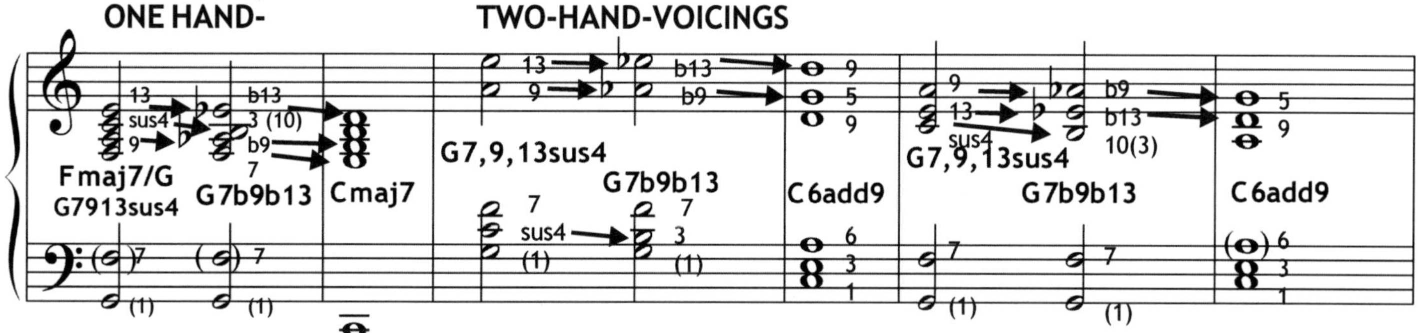

Takt 1: Die 6 kann die 7 ersetzen. Takt 2: im Quintfall wechselt L: 7 | 3 mit L: 3 | 7 & R: 5 | 9 mit (b)9 | 5 od. (b)13

C6add9 | Em9 A7b9b13 | Dm9 | G7,9,13sus4 G7b9b13 | C6add9 A7b9b13 | G13sus4 G7b9b13 | C6add9

Upperstructure Voicings

Die #4 (#11) könnte die 5 (rechts) ersetzen und sich (steigend) in die 5 auflösen (Beispiel 1). Um die Voicingarbeit zu vereinfachen, werden auch Schrägstrichakkorde (Slashchords) verwendet. Z.B. E|D = D7,9#11,13. **Im Unterschied zu Slashchords, die nur einen Basston meinen (X/Y), werden hier gerade Striche verwendet wenn 2 Akkorde gedacht werden (über- & nebeneinander). In der oberen Struktur werden die Akkordtöne oft als Durakkorde angeordnet:**

z.B.:

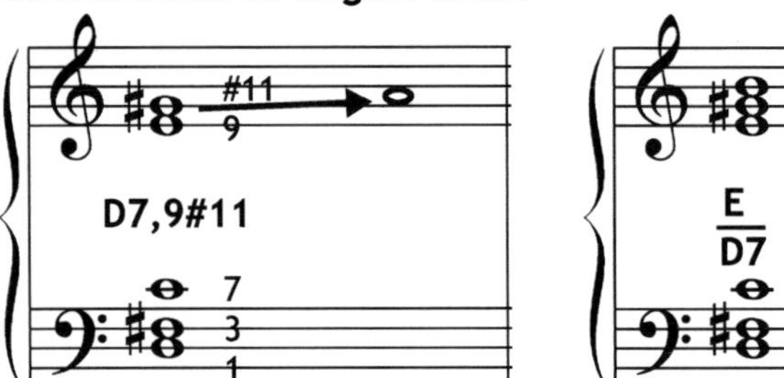

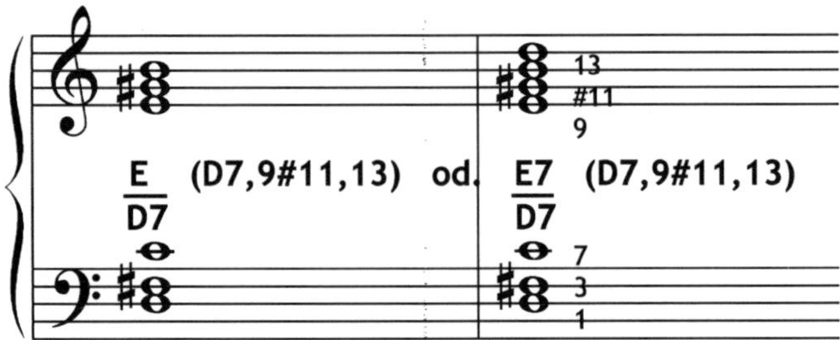

Die Stufe des Upperstructureakkordes im Verhältnis zum Akkordgrundton wird auch mit römischen Zahlen angegeben. Die gängigsten Upperstructurevoicings sind:

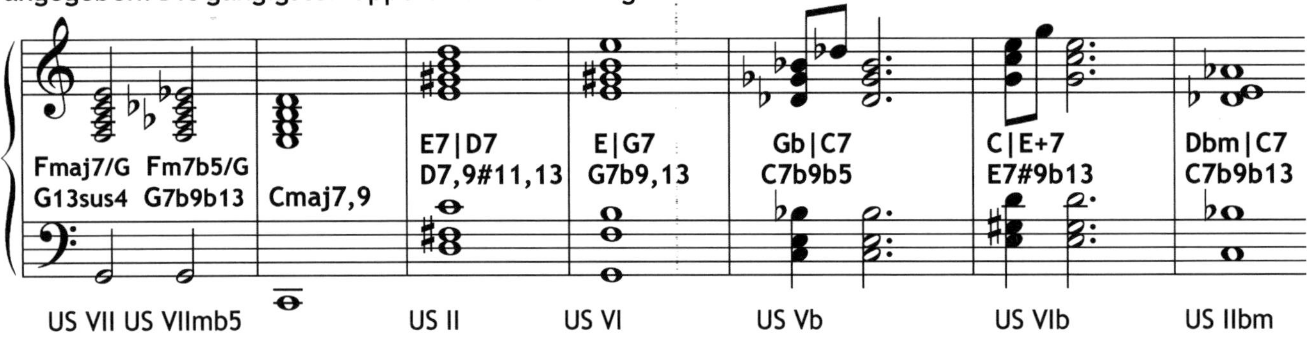

Es können nicht nur Durakkorde verwendet werden, s. Dbm|C7. **Der Nachteil der Schrägstrichakkorde ist, dass es hier zur falschen Benennung der Töne durch enharmonische Verwechslungen (ein Ton kann zwei Namen haben) kommt. Es wäre z.B. falsch, wenn man in E|G7 ein Gis vermutet und denkt, man könne hier kein G spielen. Das Gis müßte als `b9´ eigentlich As heißen und G kann in einer Improvisation über G7b9,13 vorkommen. In der 2. Zeile findest Du deshalb die korrekte Akkordbezeichnung, sie ist für die Improvisation deutlicher. Trotzdem ist die Upperstructure Denkweise nützlich, weil sie die Voicingarbeit erleichtert.**

Moll 11-Voicings

machen "süchtig", sie klingen sehr fett und warm. In der oberen Struktur von z.B. Em7,9,11 steckt ein D Dur Akkord. Ein sehr schönes Voicing für Moll 11-Akkorde ist:

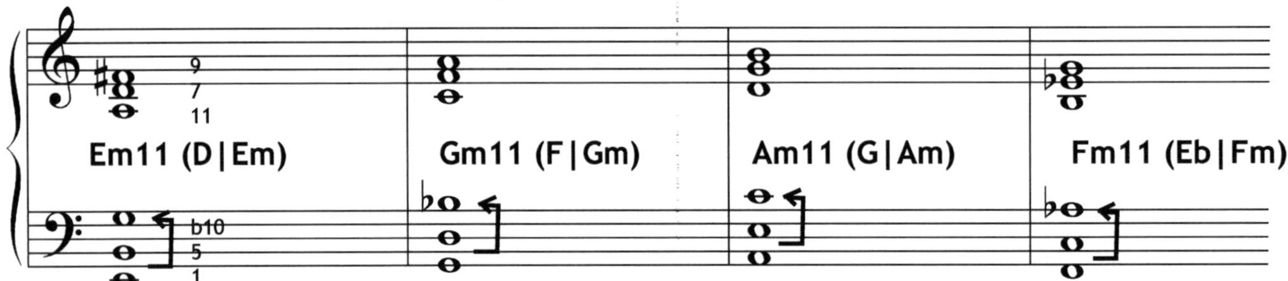

Merkt Euch, dass der Mollakkord links als 1 | 5 | 10 Voicing gegriffen wird + rechts ein Durakkord, der einen Ganzton tiefer liegt (2. Umkehrung). Übertragt das Voicing auch auf andere m11-Akkorde.
Beim folgenden Dm11 Voicing (kein Upperstructure-Voicing) sind die Akkordtöne links und rechts in Quinten angeordnet:

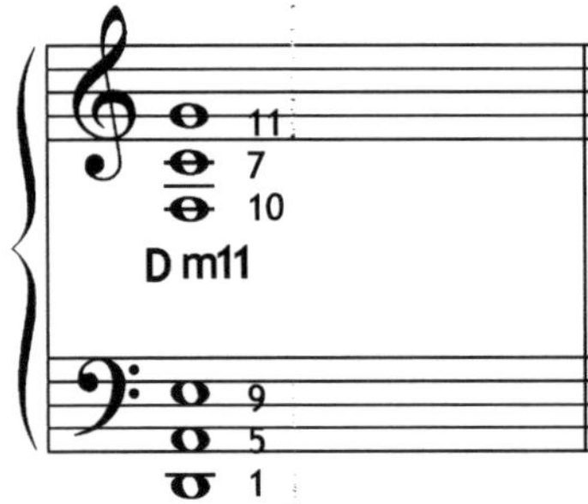

Two-Hand-Voicing-Tabelle JAZZ & POP (Grifftabelle mit Auflösungen s. S. 43)

Nochmal die Tabelle: komplexer & mit Auflösungstendenzen (Pfeile waagerecht). In der Popmusik wird oft eine add9 hinzugefügt, auch wenn es nicht da steht. Verdoppelungen werden bei komplexeren Jazzvoicings oft vermieden, es wird dann eher die Oberstimme verdoppelt. GRUNDSATZ: **LASS LINKS DEN MITTLEREN TON WEG! & SETZ IHN HOCH** (s. Pfeile). Es ist der umgekehrte Vorgang zu amerikanischen Modellen (Drop-Voicings/ drop= fallen lassen), wesentlich logischer (Vermeidung Brummfrequenzen) und einfacher bei gleichem Ergebnis. Viel Spass!

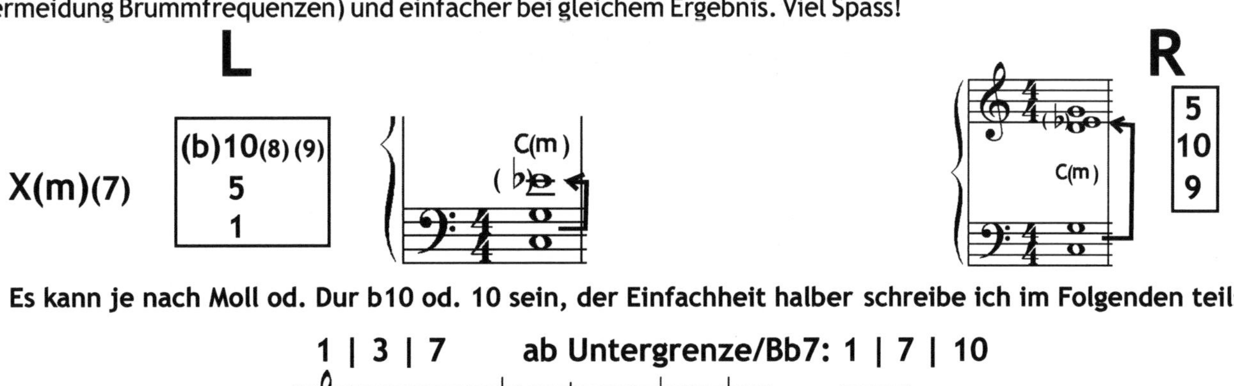

Es kann je nach Moll od. Dur b10 od. 10 sein, der Einfachheit halber schreibe ich im Folgenden teils 1 | 5 | 10

1 | 3 | 7 ab Untergrenze/Bb7: 1 | 7 | 10

X(m)7
X(m)9

7
3 (10)
1 7
1

C7,9 — C13 — C9 — C13 — C7b9b13 — B♭7

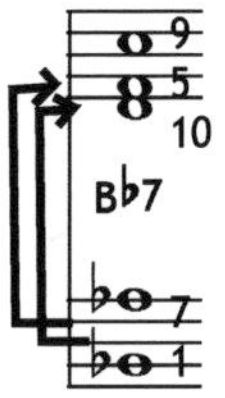

13->(b13) -> 5 (9)
#4/ #11 9 (5) (9-> b9)
s. S. 79

X7sus4

7
4 4 ->3
1 7
1

G7,9sus4 — 4->3 — G13sus4 — G7b9b13 — F/G (G7,9sus4 (Popdominante)) — Onehand — ohne Quinte — Fmaj7/G (G7,9,13sus4) — G7b9b13

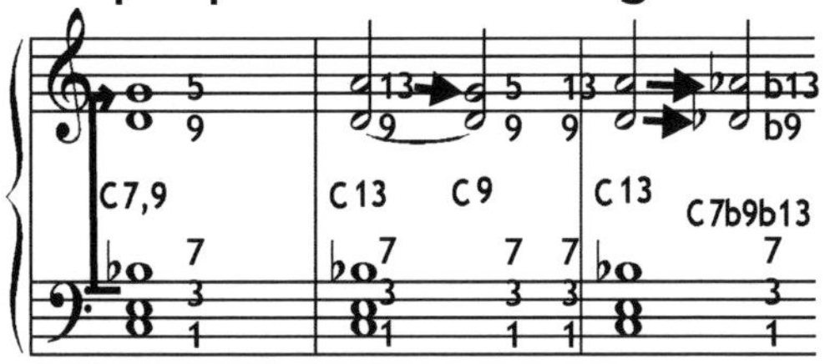

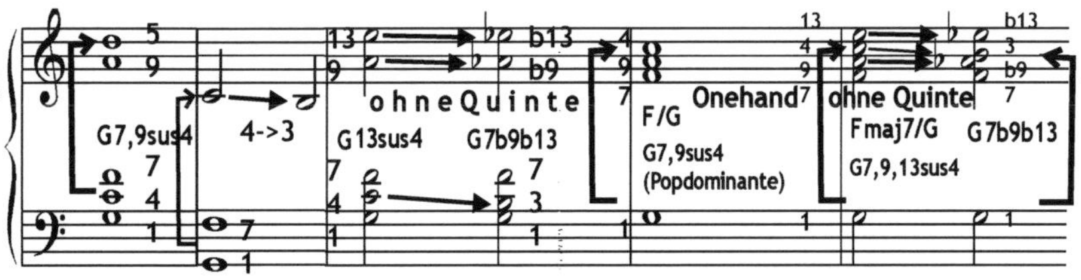

13->b13-> 5
9 -> b9

alternativ: L: 1 R: Durakkord GT

sus4 (11)
9
7

X/Y Umkehrung
Daumen ↑
Sexte greifen

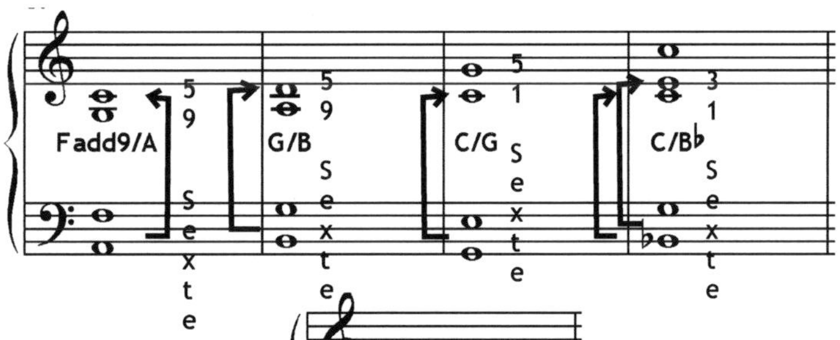

Fadd9/A — G/B — C/G — C/B♭ (Sexte)

bei 1. U. Xadd9/3
keine Terzverdoppelung
(Ausnahme: Melodieton)

5
9

X6

6
3
1

die 6 kann die 7 ersetzen

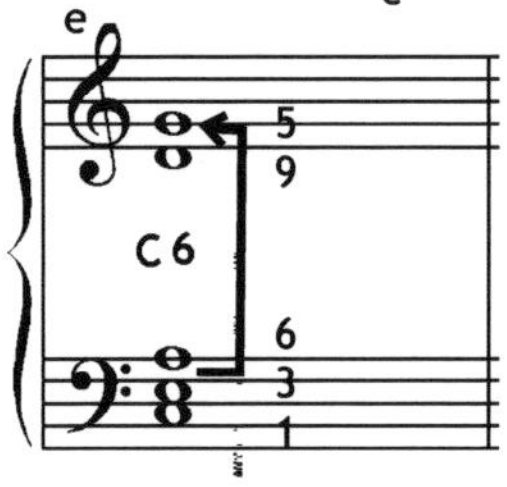

C 6

5
9

Xm11

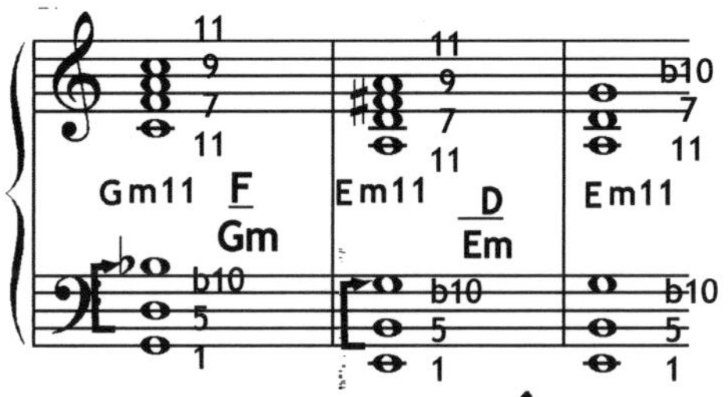

b10
5
1

Gm11 F/Gm — Em11 D/Em — Em11

11
9
7
11

Durakkord GT tiefer

alternativ Quartenakk.

b10
7
11

Xm11 mit Quintakorden

9
5
1

2 Quinten

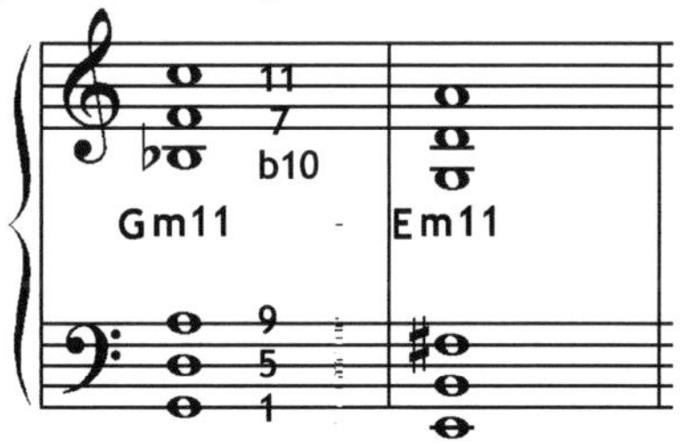

Gm11 — Em11

11
7
b10

2 Quinten

Die Schule der Geläufigkeit

Mit den Inventionen von Bach, (Durtonleitern) und sehr schönen Sonatinen, haben wir auf den folgenden Seiten ein freudvolleres Programm zusammengestellt, das `Bodybuilding´ für Pianisten mit ungeliebten Technik- und Etuden-Heften ersetzen soll. Es soll u.a. Tonleiterspiel und Lauftechnik geübt werden. Im Anhang von Band II findest Du die 12 Dur & 12 Molltonleitern. Spiele bevor Du ein neues Stück einübst die Tonleiter, die dem Stück zugrunde liegt. Du erkennst sie anhand der Vorzeichen. Es gibt dann im Abstand von 3 Halbtonschritten 2 Paralleltonarten mit den gleichen Vorzeichen: Dur & Moll (z.B. C Dur & Am s. S. 12). Der letzte tiefste Ton eines Stückes ist meist der Grundton des Stückes (Happyend = zuhause auf dem Grundton). Spiele die C-Durtonleiter zunächst auseinander laufend (gleicher Fingersatz R & L) und parallel:

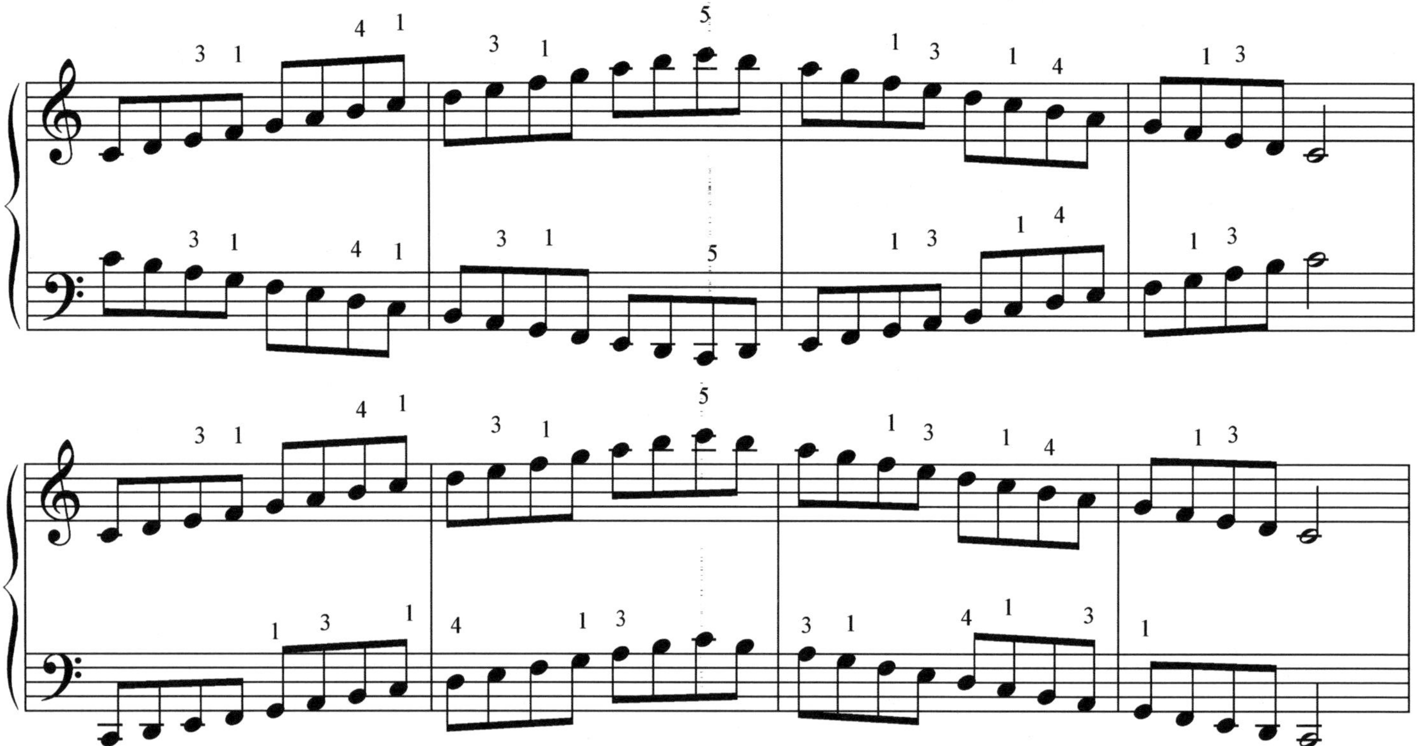

Ein Standardfehler ist die passive `Karatetechnik´ für den **kleinen Finger**, hierbei wird oft nur der Arm bewegt und das ganze Handgelenk gekippt. Die anderen Finger sind dann nicht mehr einsatzbereit bis das Handgelenk wieder waagerecht ist. Lösung: aktive kleine Bewegung der Finger, auch des kleinen Fingers sowie das Beachten der Bogenstatik vermeidet das Abkippen des Handgelenks. **Das Handgelenk** sollte so tief gehalten werden, dass der kleine Finger nicht ganz durchgestreckt wird.
Setze **Finger 2-4** ganz knapp vor die schwarzen Tasten und spiele schwarze Tasten an der Spitze. Man bekommt so sehr kleine Wege, vermeidet Vor- und Zurückrutschen und die Finger müssen nicht über die schwarzen Tasten gehoben werden.
Es sollen nicht mehrere Tasten gleichzeitig unten liegen. Achte auf exaktes Ablösen der Finger. Wenn die Finger sich exakt ablösen begegnen sich die beiden Tasten: Die eine geht hoch die andere runter. Das soll ebenso beim **Daumenüber- und Daumenuntersatz** sein. Schiebe den Daumen unter die Hand. Die Hand bleibt gerade (-> 12:00) und sollte nicht gedreht werden (->10:00).

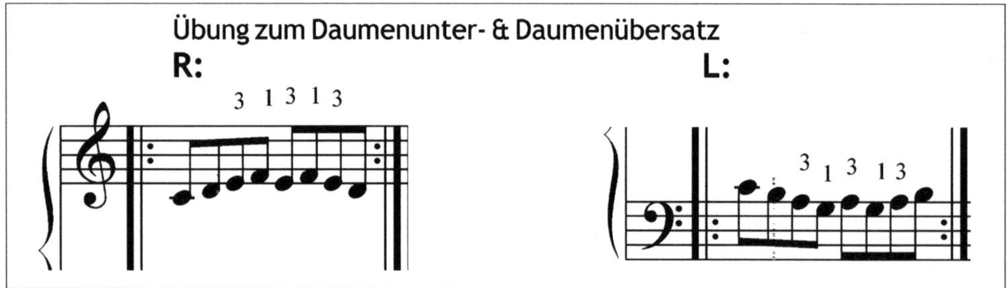

Unabhängkeitsübung:

Um musikalische Phrasen schön zu gestalten, ist es wichtig die Hände unabhängig zu machen. Dazu spielt man die C Dur-Tonleiter in folgenden Varianten:

-links: leise/ rechts: laut und umgekehrt
-links: staccato/ rechts: legato und umgekehrt

Diese Übungen sollten nun auf andere Tonleitern übertragen werden (sinnvoll wäre es, sich zunächst die obere Hälfte des Quintenzirkels vorzunehmen / Tonarten bis 3 Vorzeichen).

Fingersätze & Körperhaltung

Die Kreuztonarten bis E Dur haben denselben Fingersatz wie C Dur. Es gelten folgende Regeln:
1. Der Daumen soll nicht auf eine schwarze Taste kommen (-> Start auf schwarzer Taste: mit Finger 2-4).
2. Wenn die Tonleiter über zwei Oktaven gespielt wird, soll sich der Fingersatz in der zweiten Oktave nicht verschieben. D.h. Es Dur z.B. startet und endet dann auf dem 3. Finger. Es gibt wenige Ausnahmen s. Band II.

Halte das Handgelenk etwa so hoch, dass der **Daumen** beim Anschlag waagerecht ist oder etwas nach unten zeigt. Der **kleine Finger** sollte mit einer kleinen aktiven Bewegung (ohne Absenken des Armes & ohne „Karatetechnik“) die Taste herunterdrücken können und danach nicht ganz gestreckt sein, sonst ist das Handgelenk zu hoch.

Will man für jeden Finger ein stabiles, angenehmes Polstergefühl erreichen, so ist die Stellung des Handgelenkes sehr wichtig. **Der Arm** hängt locker in der Schulter und kann leicht nach außen geschwenkt werden, dadurch werden die **Problemfinger 4 & 5** weniger schief belastet, alternativ kann durch eine leicht U-förmige Bewegung das Handgelenk so hinter jeden Finger gestellt werden, dass dieser sich gut und stabil anfühlt. Die natürliche Handstellung fällt leicht nach außen ab und das schiefe Belasten der Gelenke von 4-5 fühlt sich nicht gut an. Durch die U-förmige Bewegung wird die Hand außen leicht angehoben und steht weniger schräg hinter Finger 4-5. Ganz gerade wird man 4 & 5 nicht aufstellen. Die U-förmige Bewegung kann durch leichte Drehung des Unterarmes und/ oder Schwenken des Oberarmes im Schultergelenk ausgelöst werden.

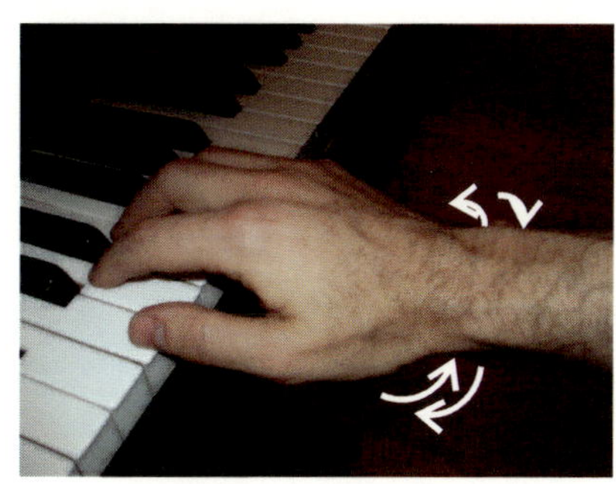

leichtes Aufrichten der Hand nach außen mit einer U-förmigen Bewegung zu Gunsten des 4. & 5. Fingers

Vorsichtige Arm-/ Handgelenksimpulse können Betonungen & Akzente setzen. Loslassen und Entlastungsbewegungen sind ebenso wichtig. Überprüfe das Resultat immer mit den Ohren und Deinem Körpergefühl.
Jedes statische Modell ist „tot“. Dauerhaftes legato/ Polster bei gleicher Lautstärke kann man zuerst üben, es hat aber eher Übungscharakter, um gleichmäßiges Spiel zu lernen. Lebendige Phrasierung (Gestaltung der Melodielinie der Notenlängen, Lautstärke, Tempo, ...) hat später auch wieder Unregelmäßigkeiten. Dann mischen sich legato, lockere Finger-, Arm-, Hangelenksimpulse, ... Jeder Ton kann dann seine eigene Länge/ Lautstärke haben. Ein natürliches Modell: Die Blätter an einem Baum sind auch nicht alle gleich groß und er sieht zum Glück auch nicht aus wie ein Hochspannungsmast.

Inventio No.4

Es gibt einen verrückten Streit darüber, ob alle Achtel bei Bach nonlegato gespielt werden sollten. Aufnahmen, die nach diesem Modell entstehen, klingen für mich, als hätte ein Roboter gespielt. Glenn Gould, einer der berühmtesten Bachinterpreten, hat sich immer wieder über diese Theorie hinweggesetzt und die Noten unterschiedlich lang gehalten. Er fand seinen Weg durch Silbenbildung. Die Toningenieure beklagten sich immer über seinen Drang mitzusingen. Das führte allerdings zu einer musikalischeren und gesanglicheren Spielweise. **Man spürt durch das innere Mitsingen (bah=lang, ba, bap= kurz), welche Töne kurz (hüpfend), nonlegato oder welche Töne lange gehalten/ aufblühen sollen, als würde er sie mit Atem füllen.** Es würde sich marionettenhaft anfühlen, alles detailliert aufzuschreiben und z.B. komisch für einen Sänger, einen schönen (hohen) Ton nicht länger zu halten, auszukosten und nicht mit Atem zu füllen. Auf der anderen Seite könnten kurze Töne, die ein Gefühl wie lustvolles Herumhüpfen geben, legato plötzlich sehr schwer & träge wie „Kaugummi“ wirken. **Versuche beim Üben der Invention besonders beim Spielen der Achtel, die Notenlängen zu gestalten, sie sind ein schönes Feld für Kreativität.** Inneres Mitsingen, Silbenbildung (Ba, bap, bap, ba, Bapabap, ba...) und Körpergefühl zeigen uns den Weg, zu Notenlängen, einer schönen Phrasierung und einem leichteren Bewegungsablauf und führen zu einem gesanglicheren, musikalischeren, natürlicheren Spiel, das mehr berührt.

Spiele zunächst die Dm-Tonleiter (s. Anhang). Diese Invention ist etwas schwer einzuüben, weil wie im Kanon beide Hände gleichermaßen an der thematischen Arbeit beteiligt sind. Man nennt diese Kompositionstechnik auch Imitatorik (die ersten mehrstimmigen Formen kamen vom Kanon). **Übe einzeln, beachte unbedingt die “Wichtigen Übestrategien” s. Anhang sowie den Fingersatz.** In Takt 1 & 2 sollen Daumen und kleiner Finger auf eine schwarze Taste. Weil sie kürzer sind zwingt das die Hand nach vorne zwischen die schwarzen Tasten. Der Standardfehler ist das Vor- und Zurückrutschen auf einem Finger, dies führt zu einem Spielgefühl wie auf Glatteis. Lösung: Vor- und Rückwärtsbewegungen können als Schritte auf mehrere Finger verteilt werden. **Jede Achtel kann eine andere Notenlänge haben. Manche fühlen sich an wie Herumhüpfen (nonlegato), z. B. die Achtel vor einem großen Sprung. Andere Achtel sind schön, wenn man sie aufblühen lässt (länger hält/ legato), wie ein Sänger der sie mit Atem füllt.**

Inventio No.4

Johann Sebastian Bach
(1685-1750) BWV 775

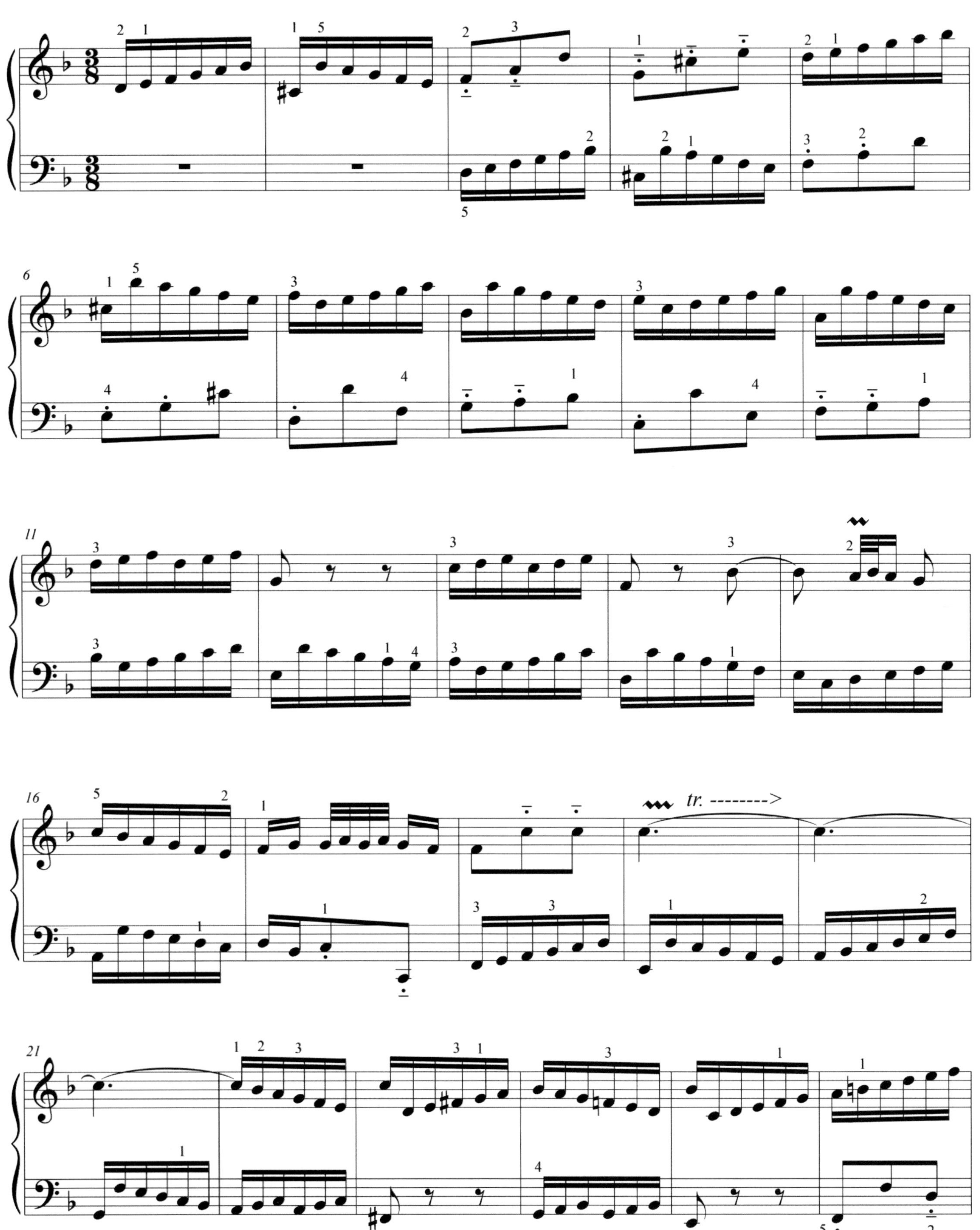

≟ bedeutet non legato. Die Notenlängen sind neben der Lautstärke ein wichtiges Gestaltungsmittel.
In den folgenden Inventionen soll dies jedoch nicht weiter notiert werden. J.S. Bach schrieb im Original keine ≟ . , ... und vertraute auf die Phrasierungs- (Artikulations-) Fähigkeiten der Spieler! Finde Deinen eigenen Weg!

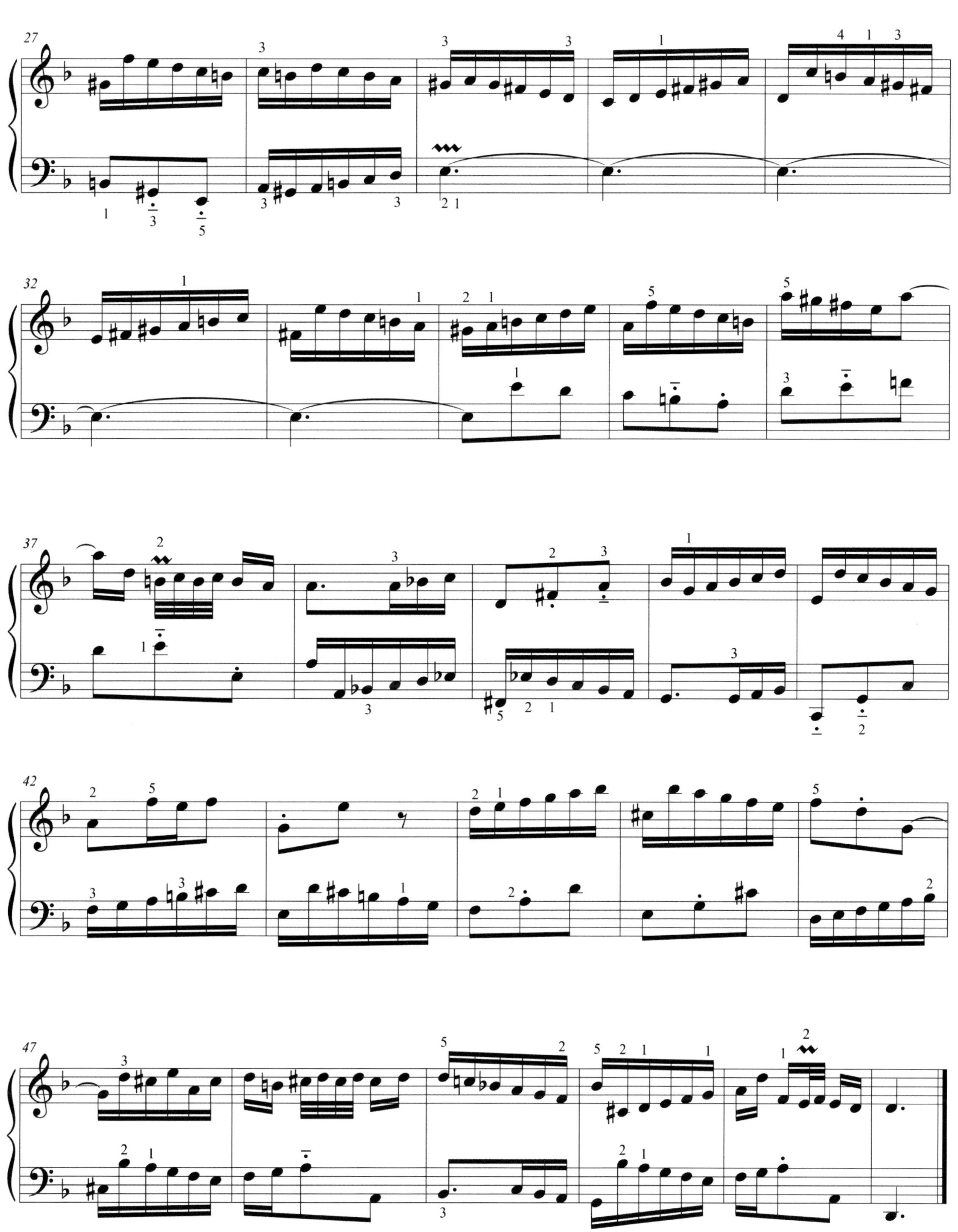

Sonatine (No. 5)

Muzio Clementi 1752-1832, Op. 36, No.5

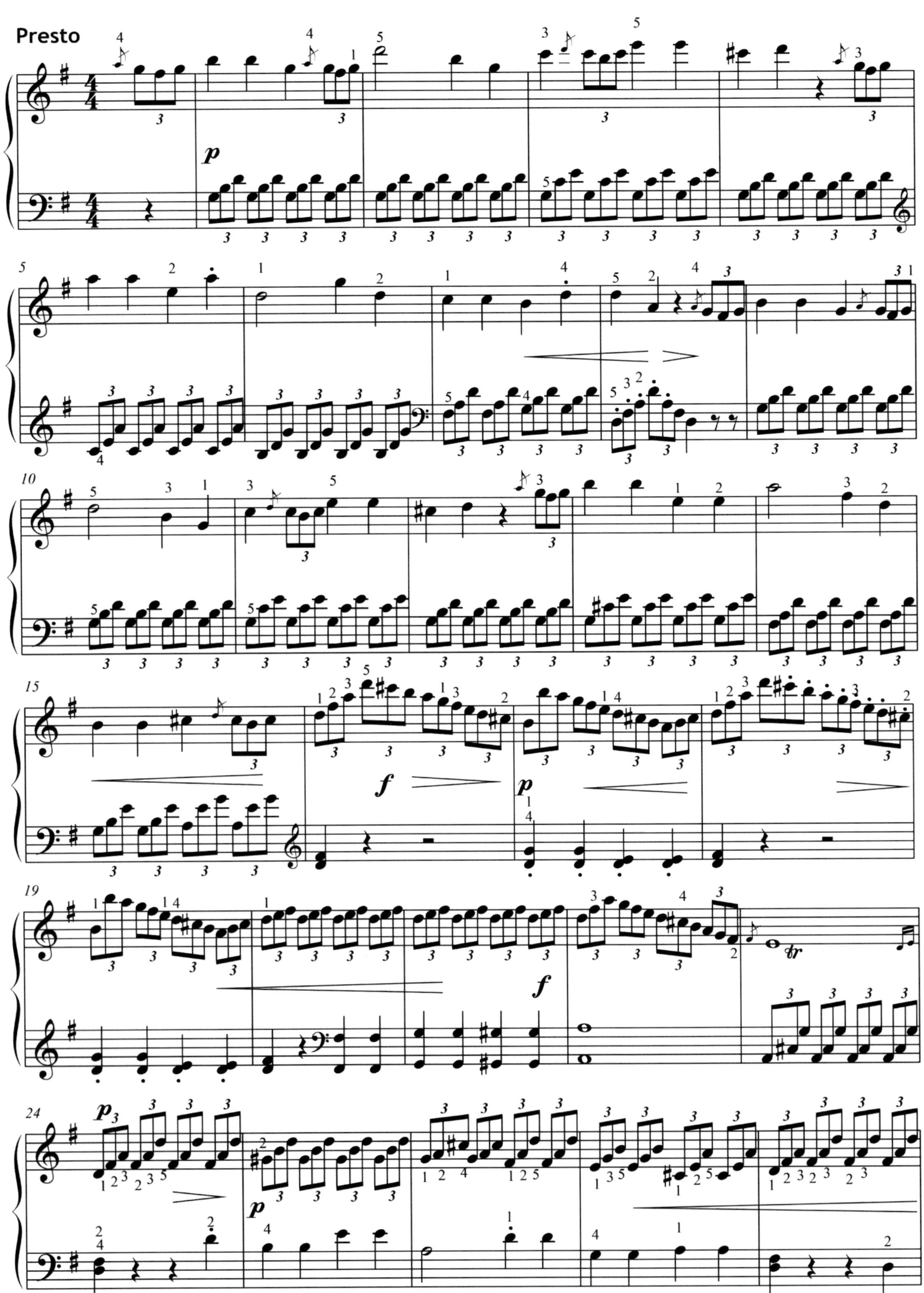

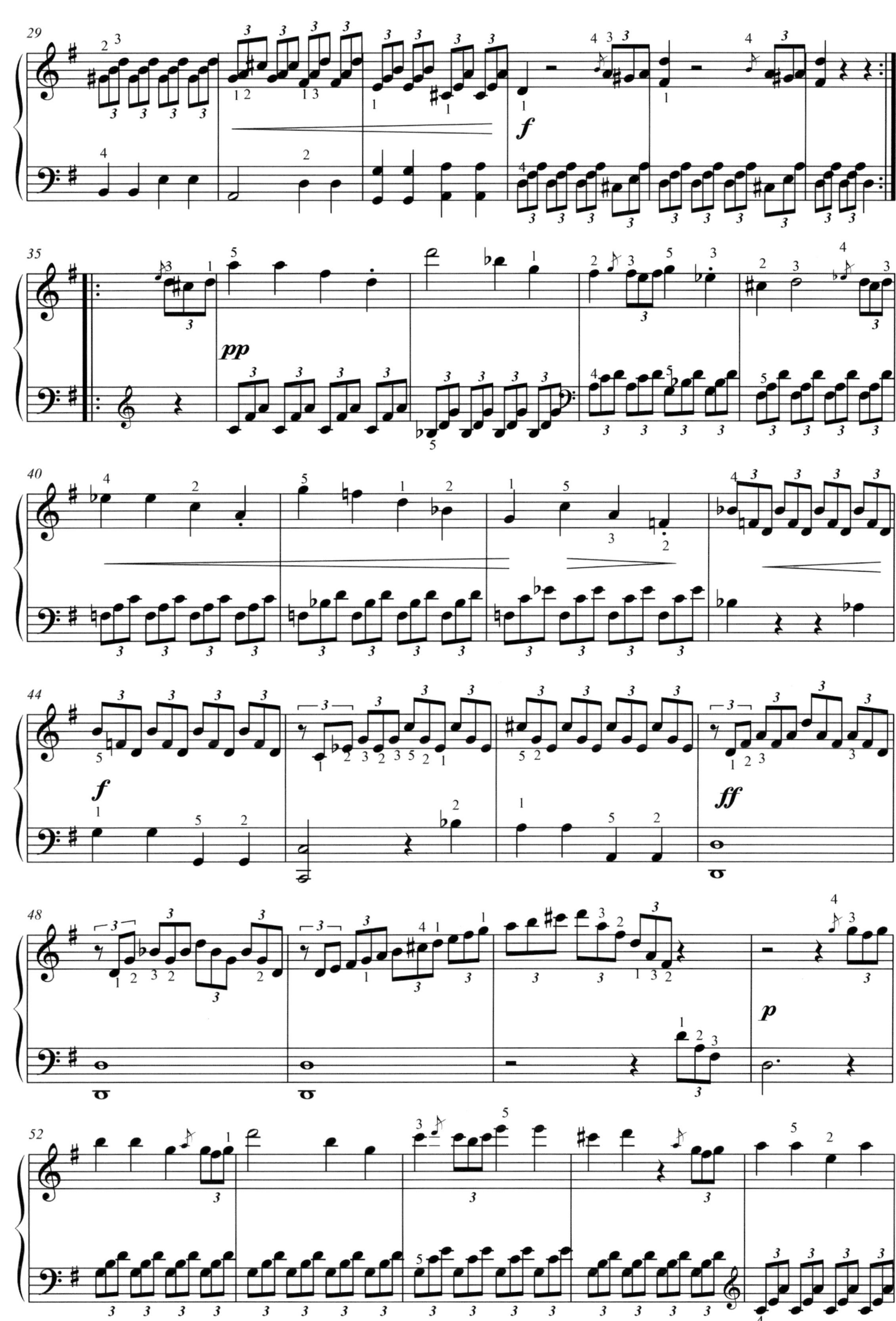
pp
f
ff
p

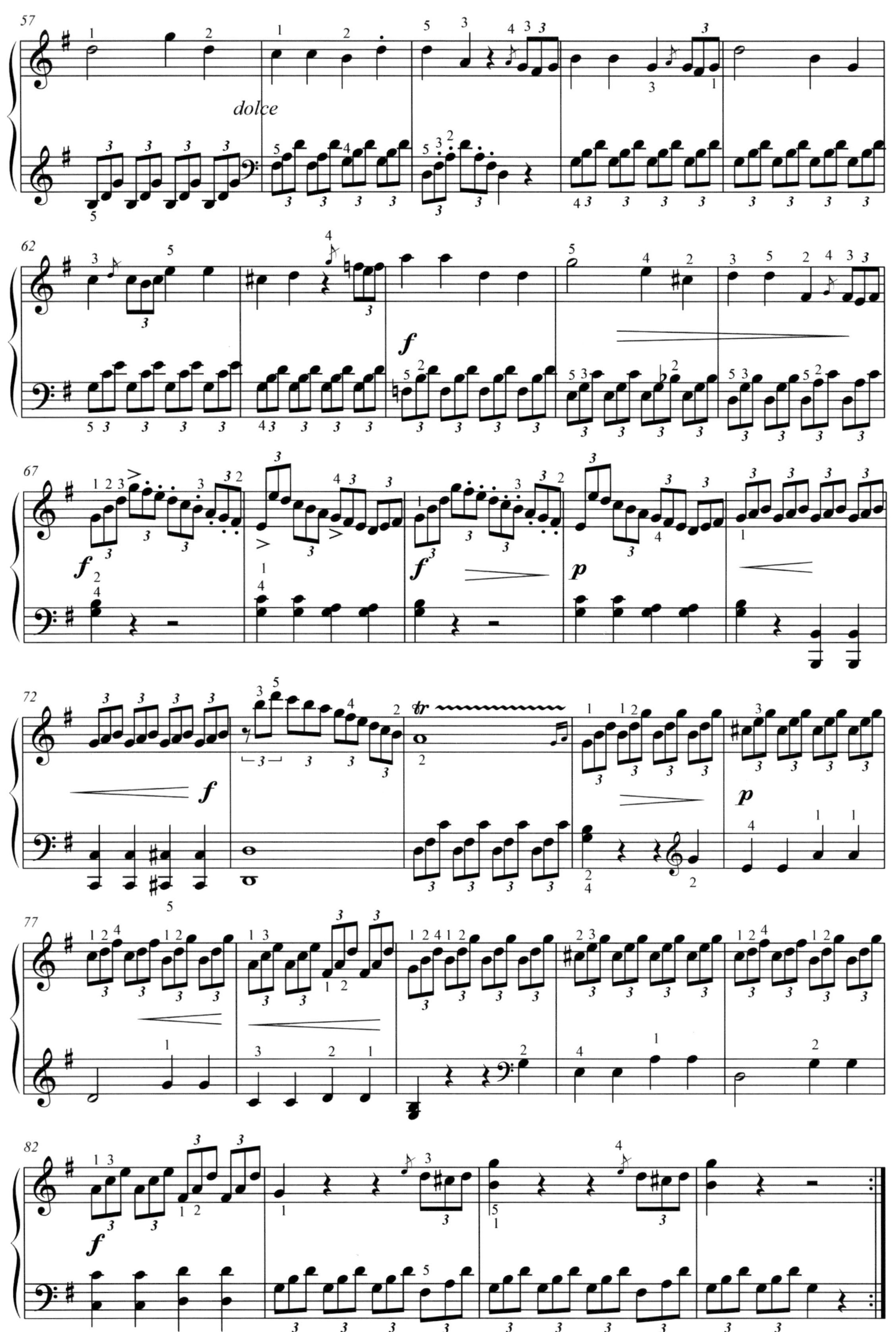
dolce
tr

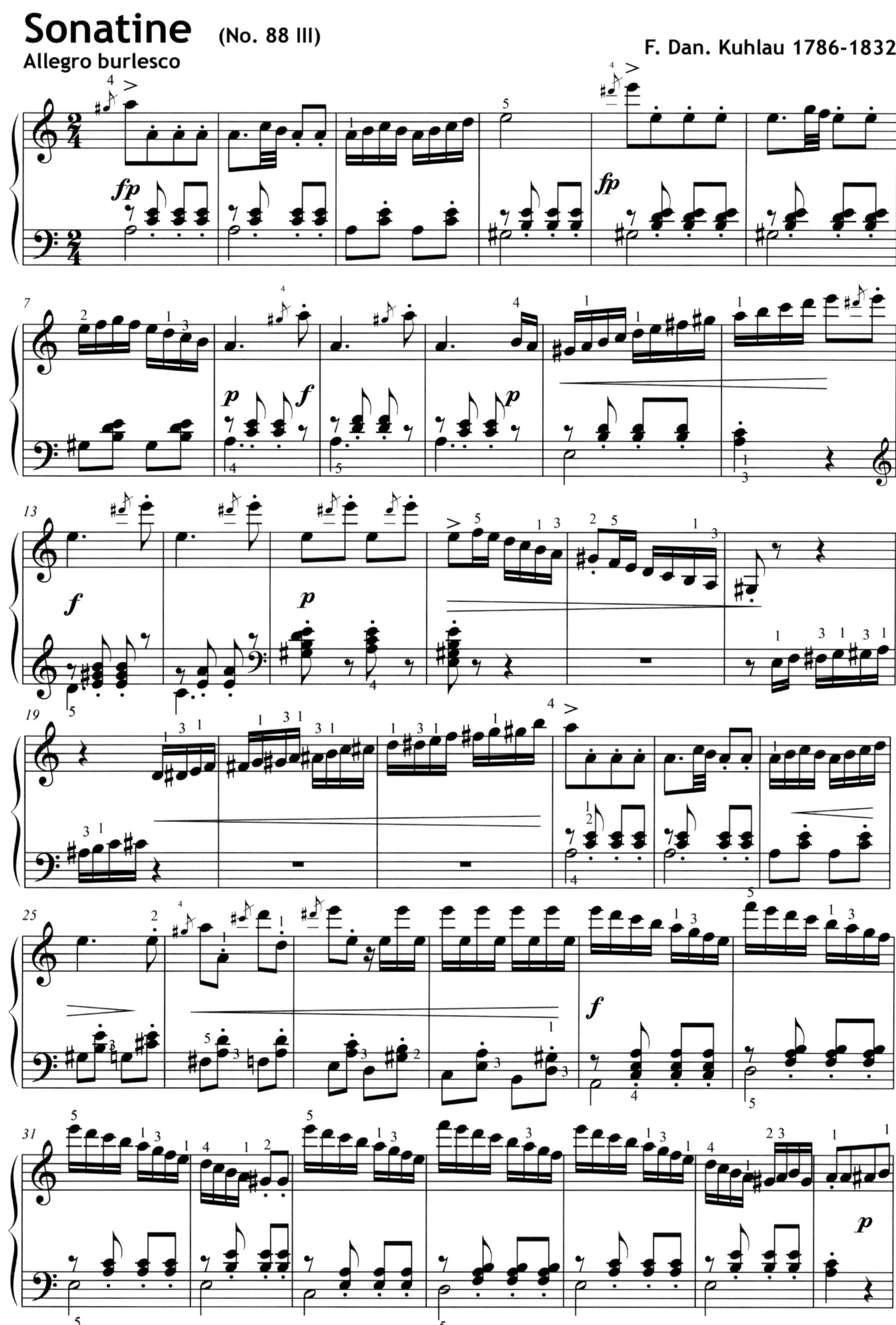
Sonatine (No. 88 III)
Allegro burlesco
F. Dan. Kuhlau 1786-1832

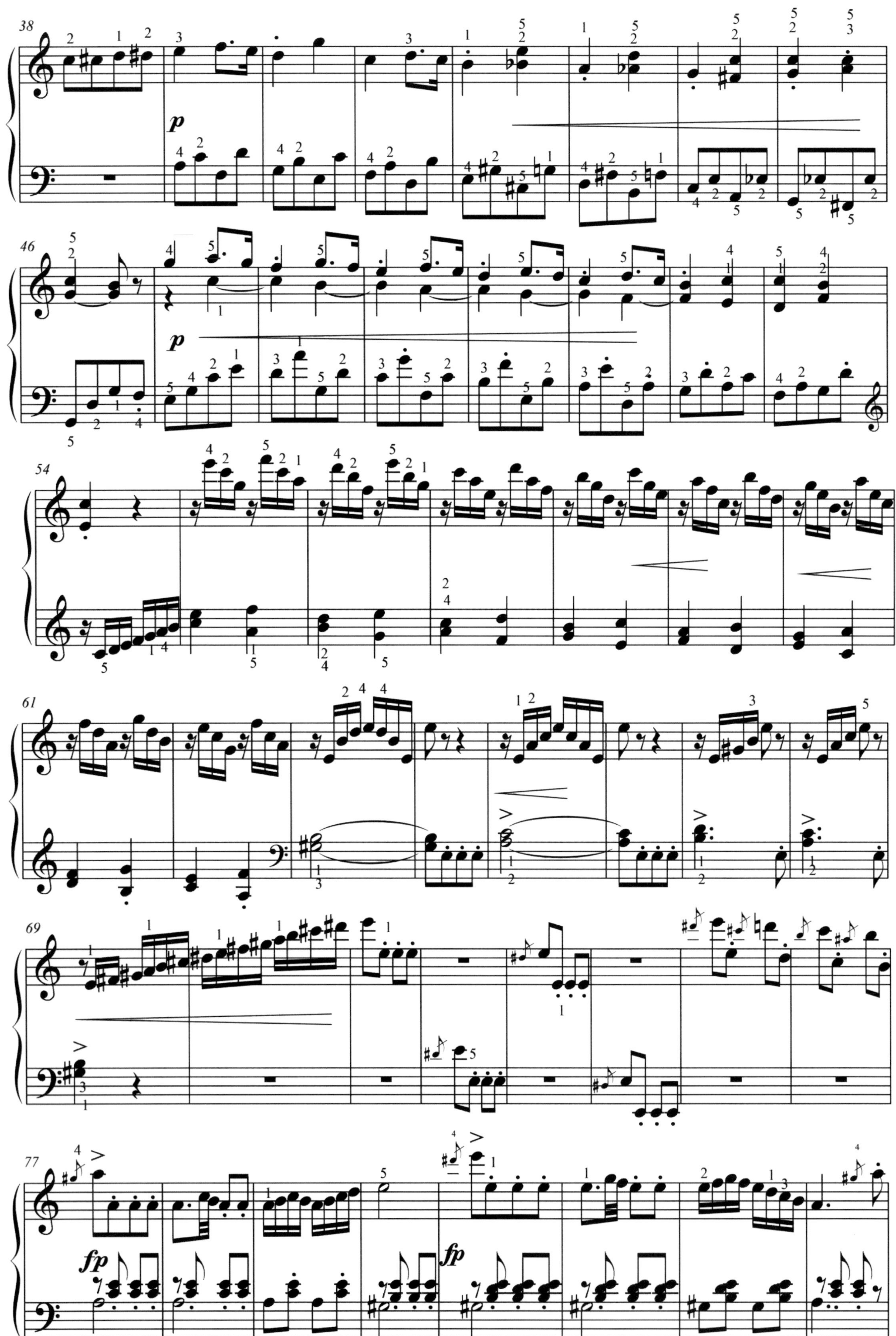

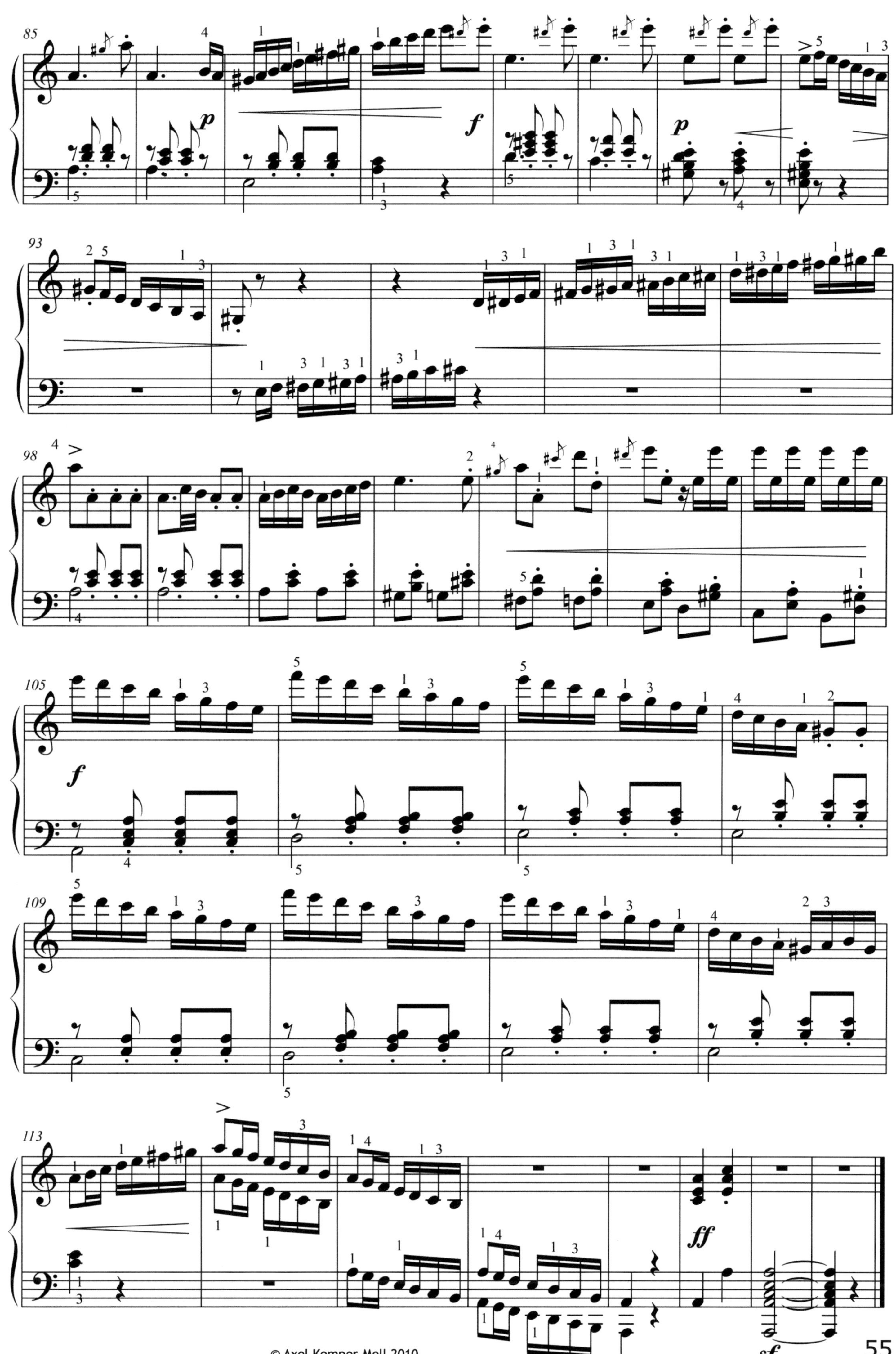

Inventio No 8

Johann Sebastian Bach (1685-1750)
BWV 779

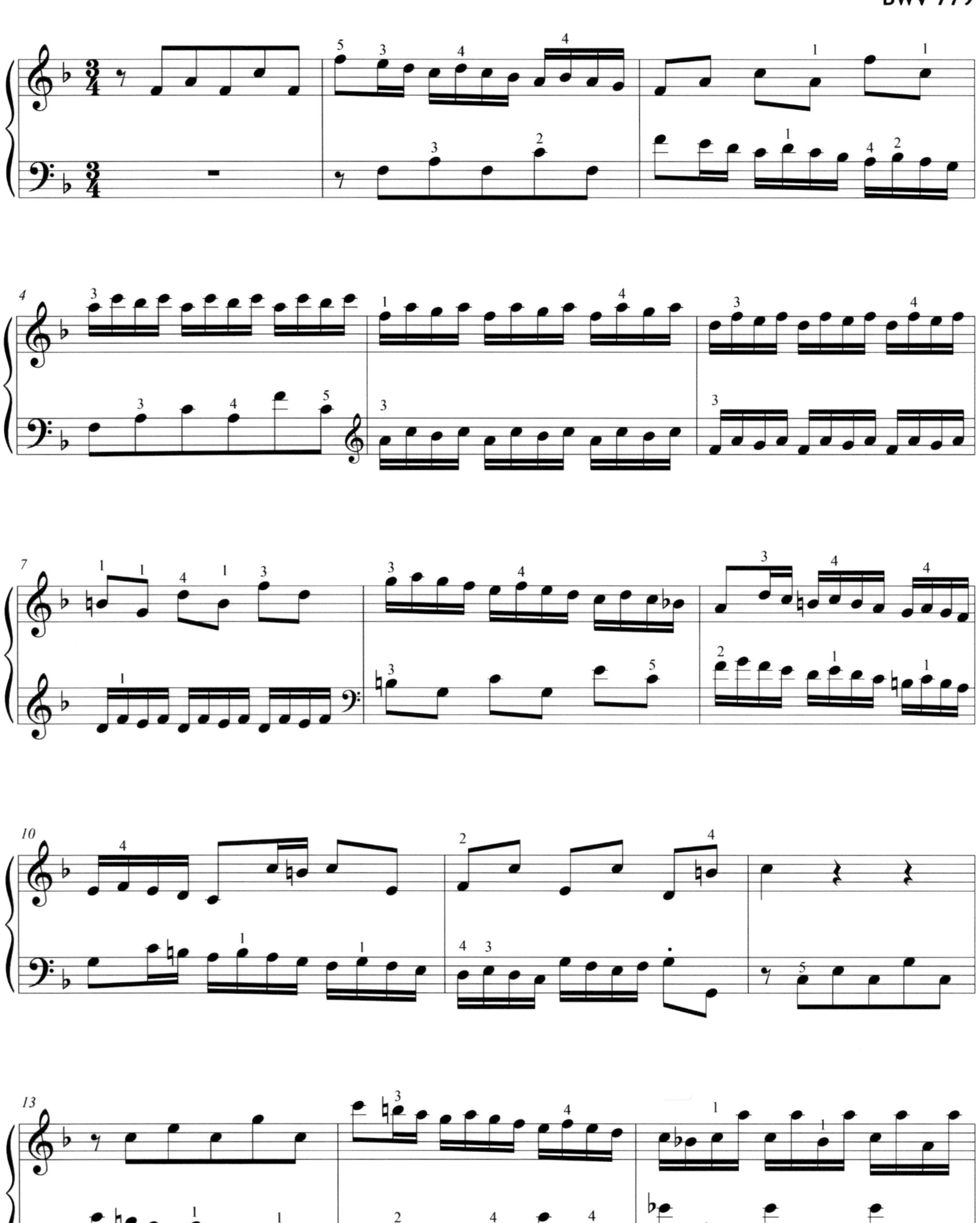

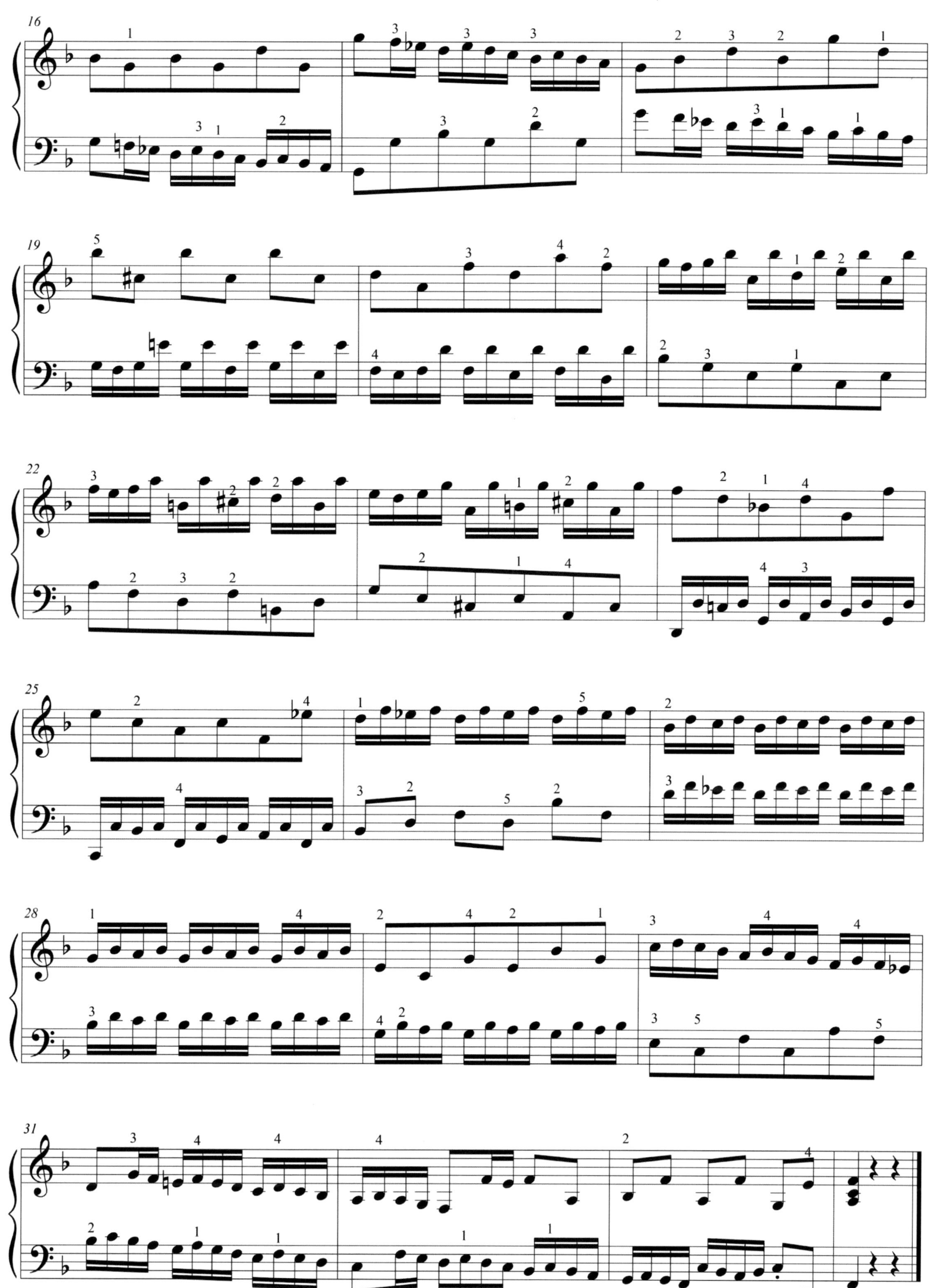

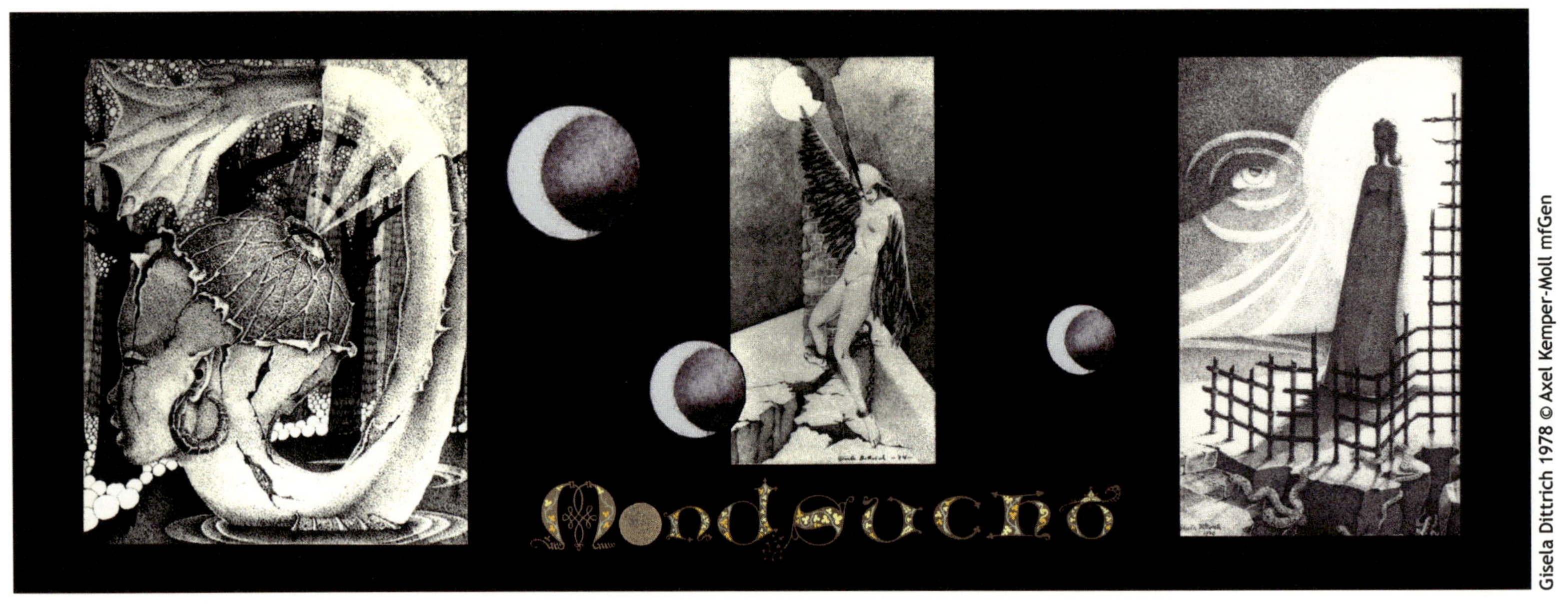

Prélude (Em-Prélude)

Frédéric Chopin
1810-1849

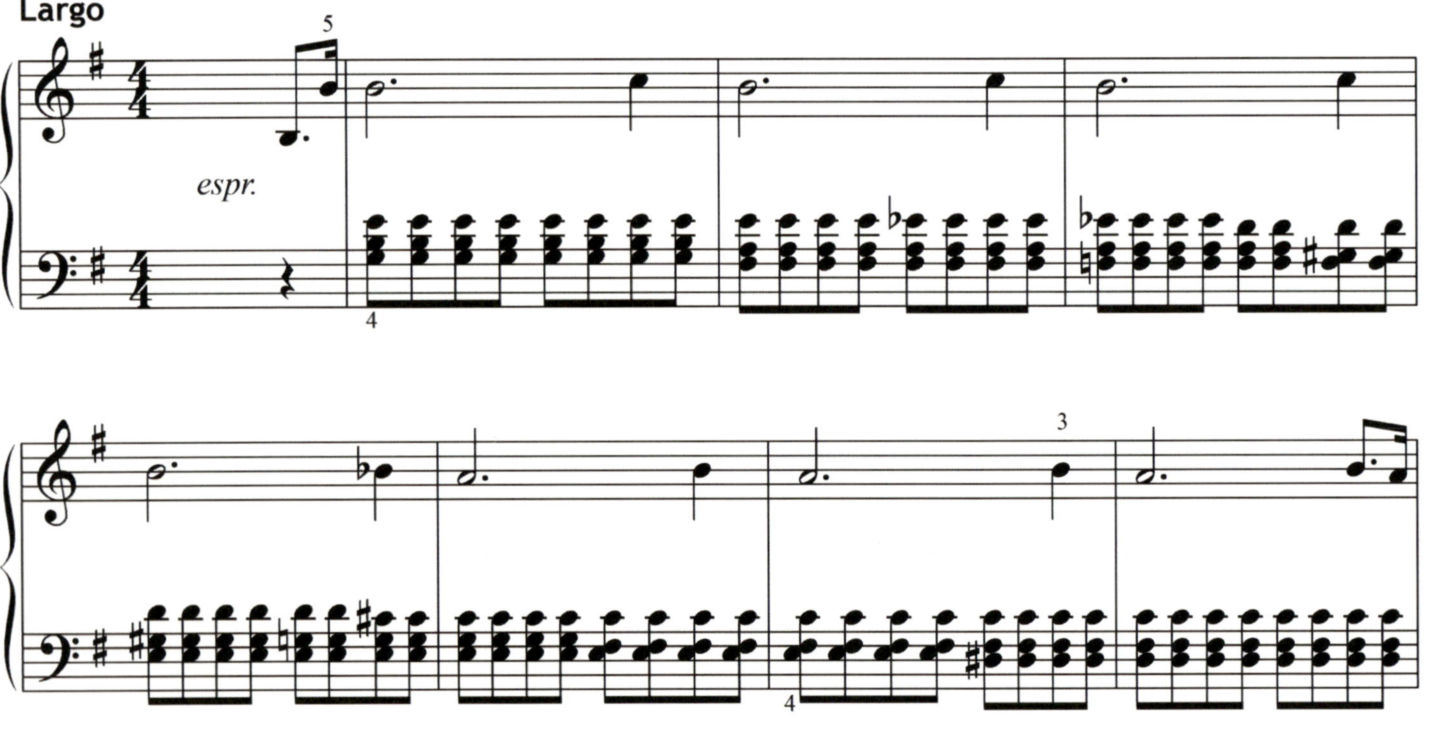

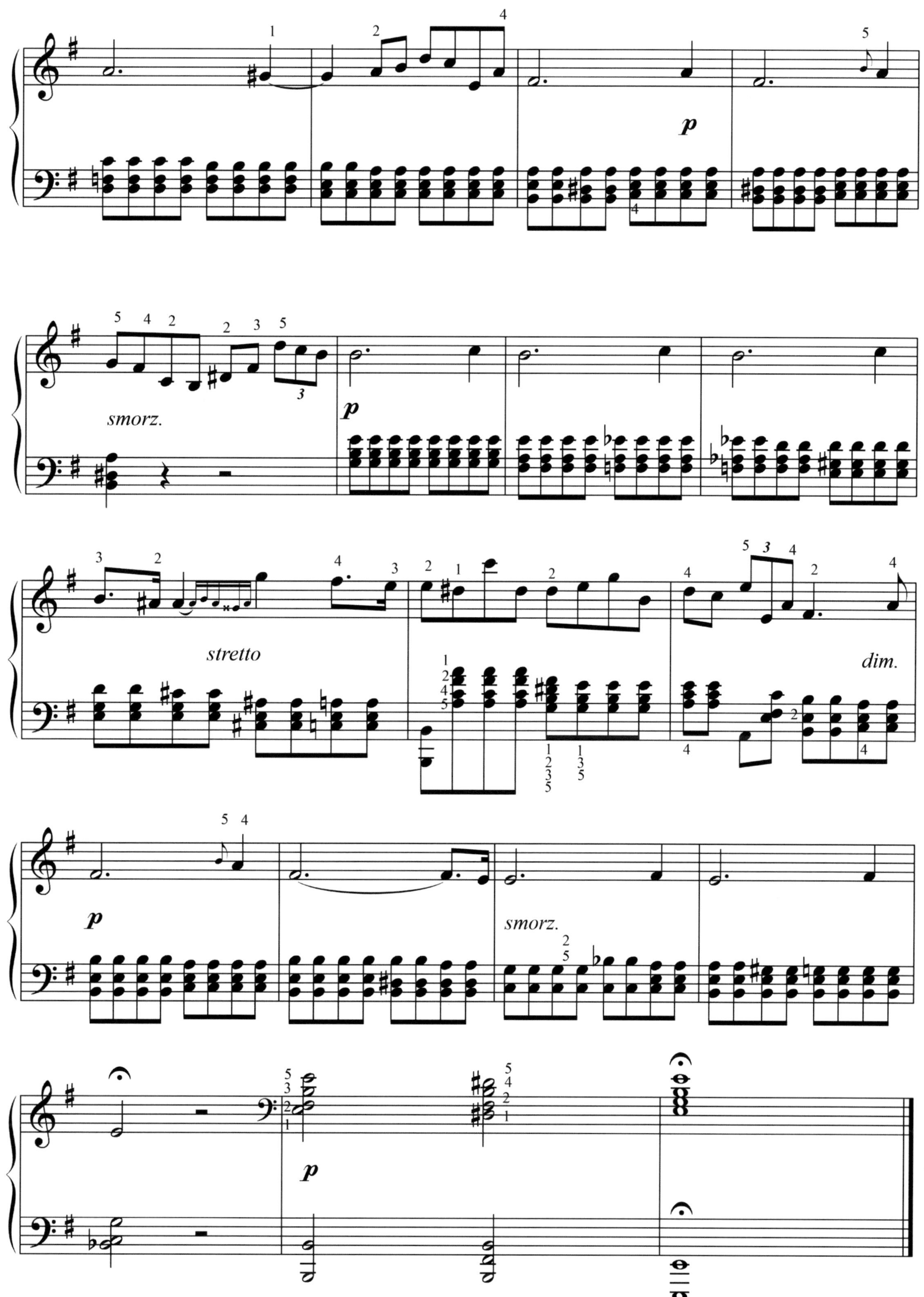

smorz.
stretto
dim.
smorz.

Valse (H-Moll Walzer)

Frederic Chopin
Fassung nach Fontana
Opus post. 69 No. 2

Moderato

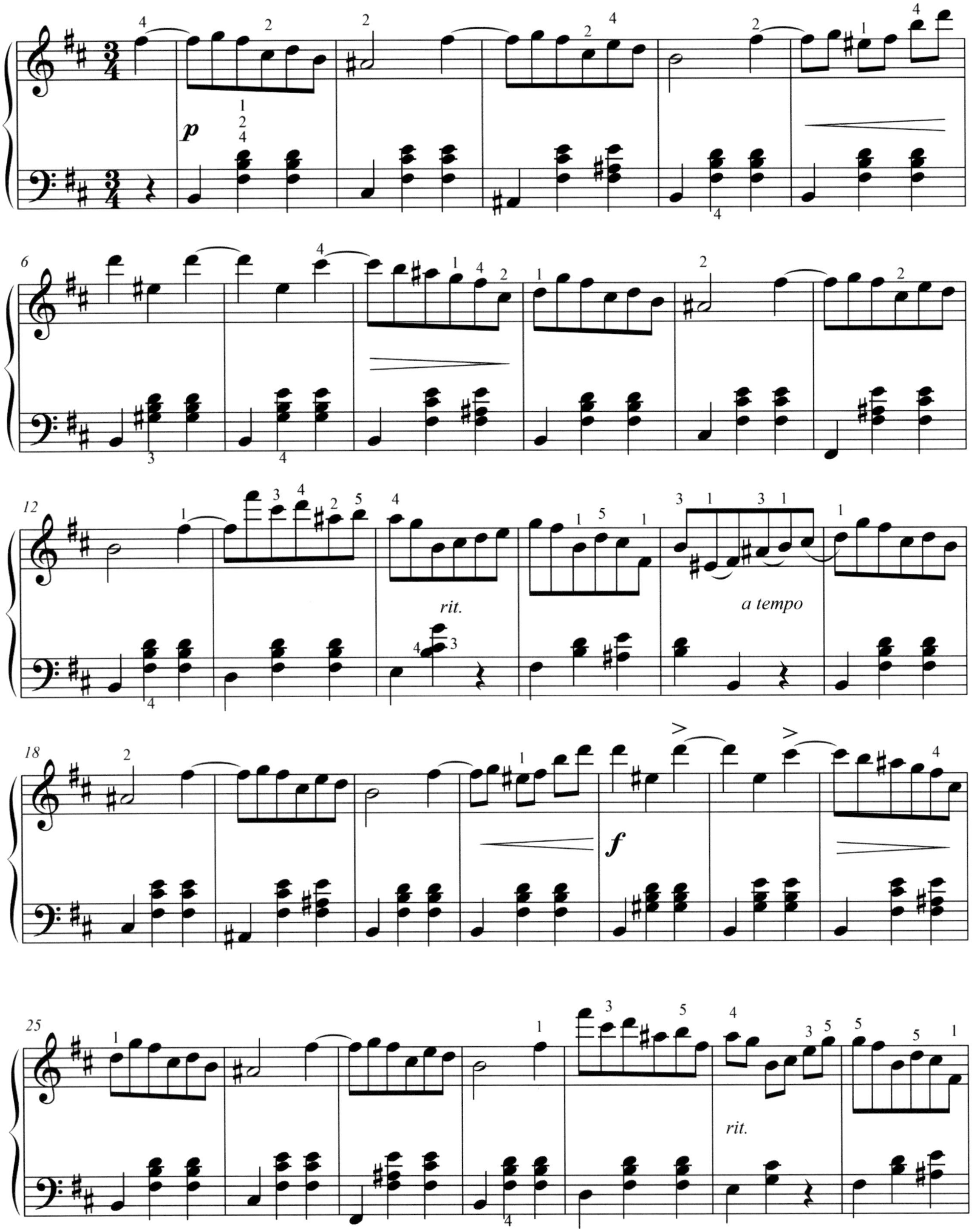

p

rit.

a tempo

f

rit.

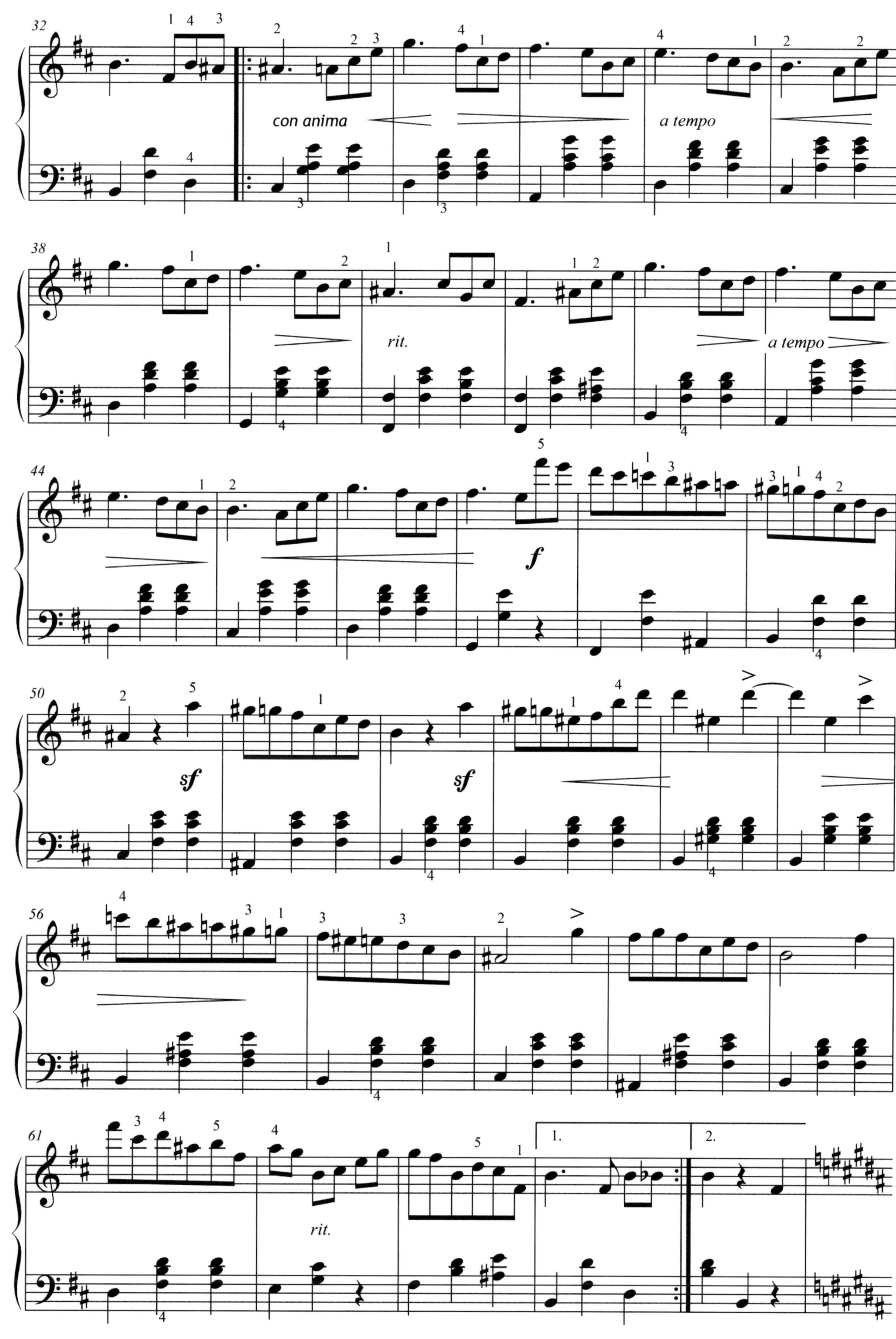
con anima
a tempo
rit.
a tempo
f
sf
sf
rit.
1.
2.

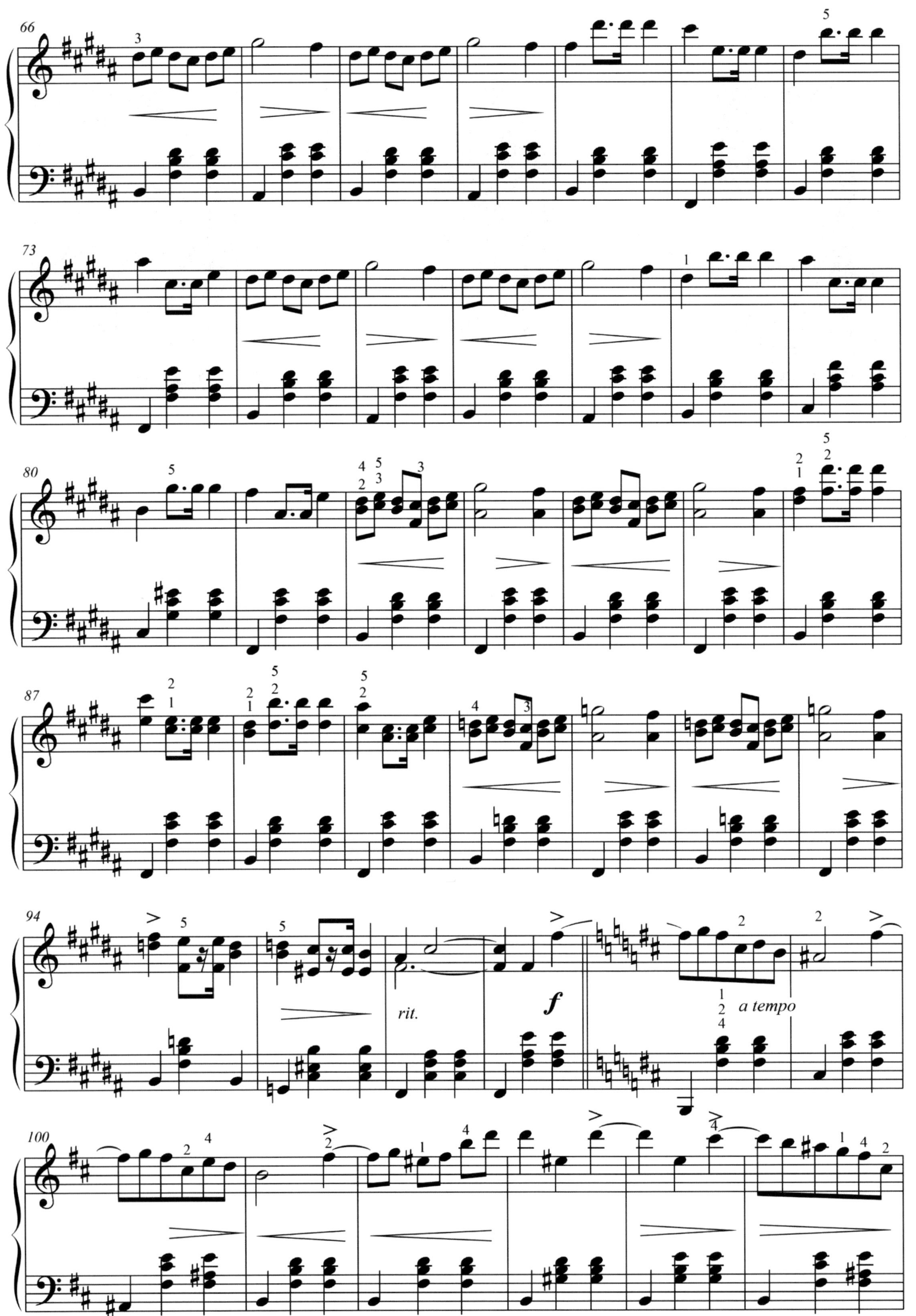
rit.
f
a tempo

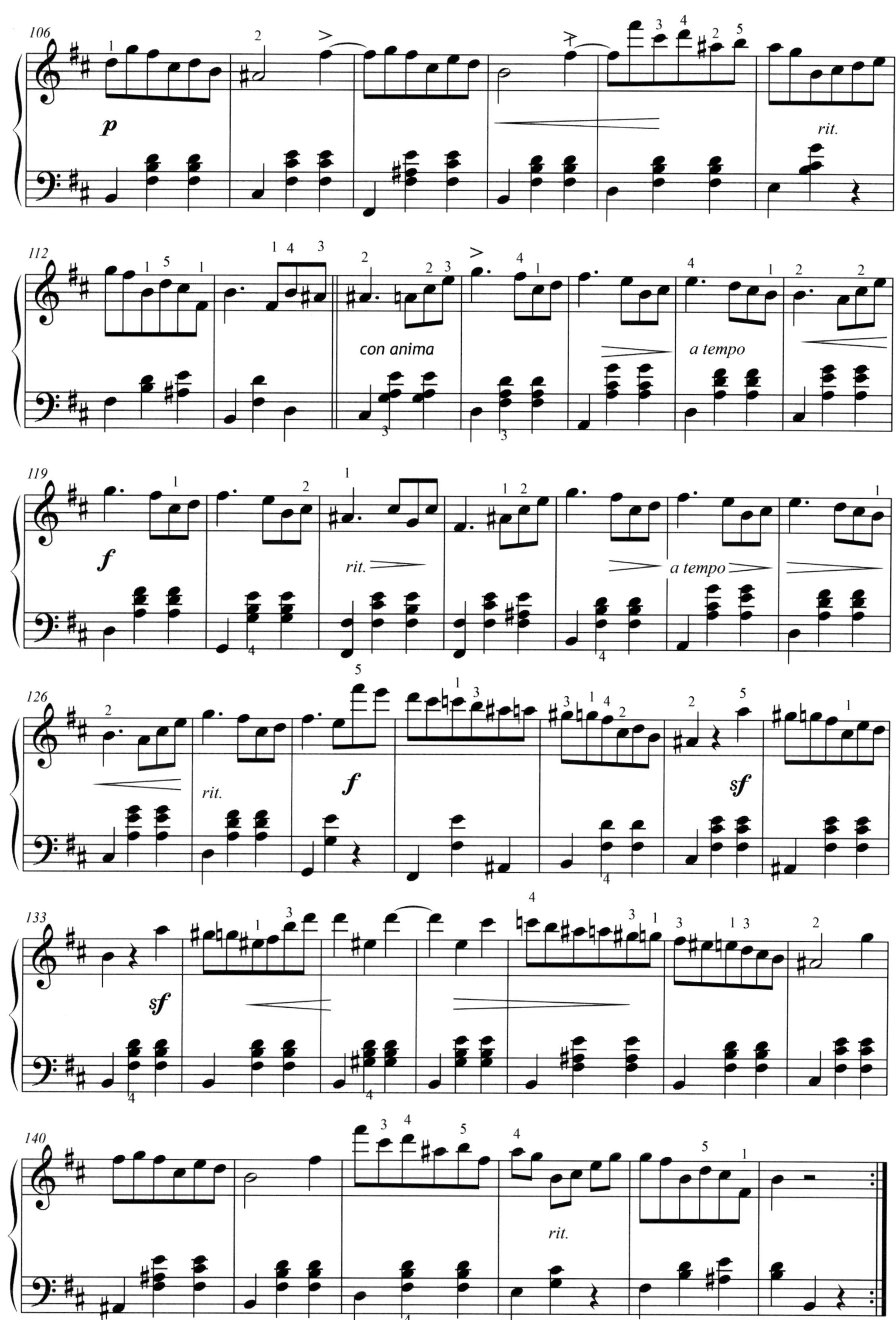

106
p
rit.
112
con anima
a tempo
119
f
rit.
a tempo
126
rit.
f
sf
133
sf
140
rit.

Rondo alla Turca (Türkischer Marsch)

W. Amadeus Mozart
aus der A-Dur-Sonate

1756-1791

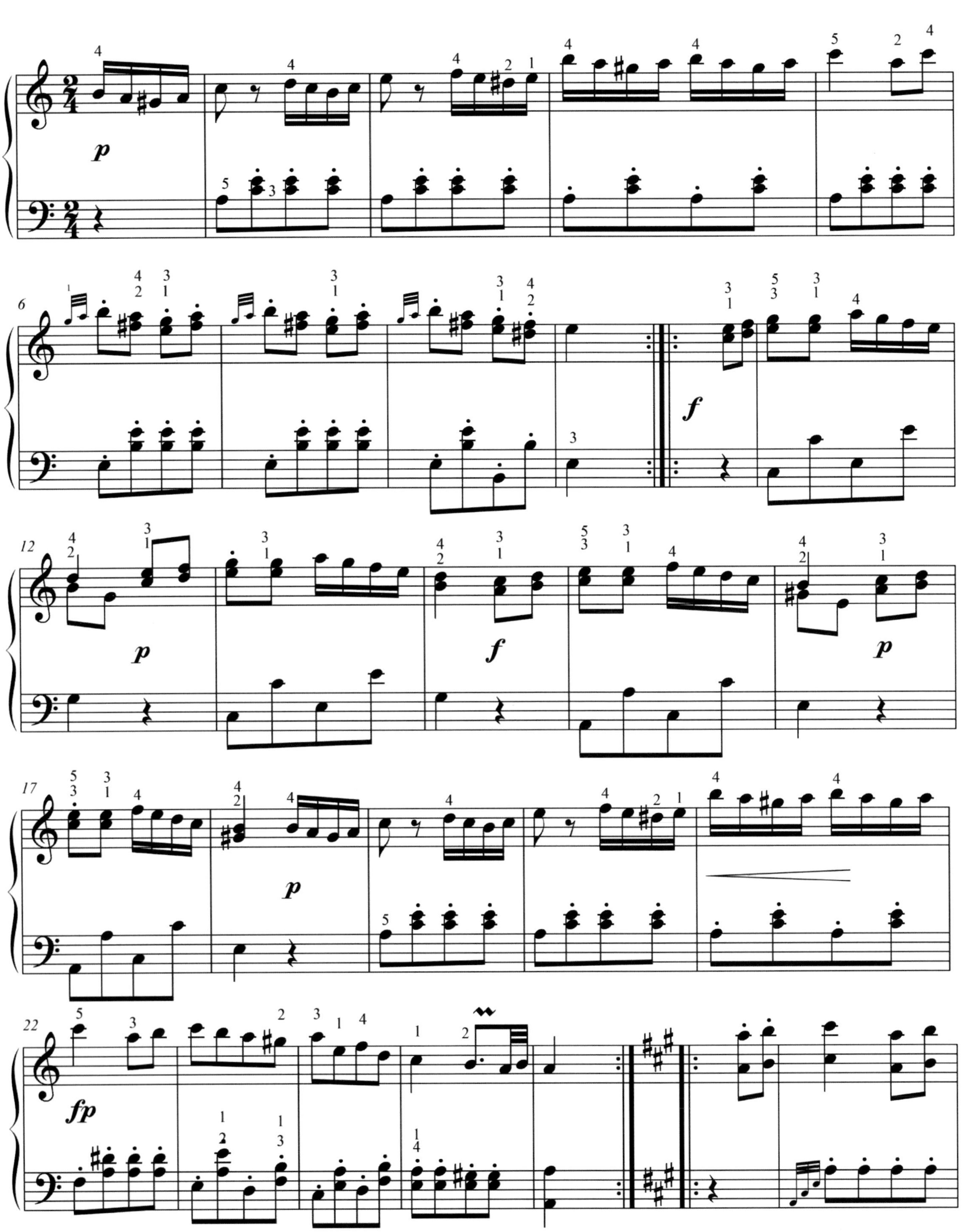

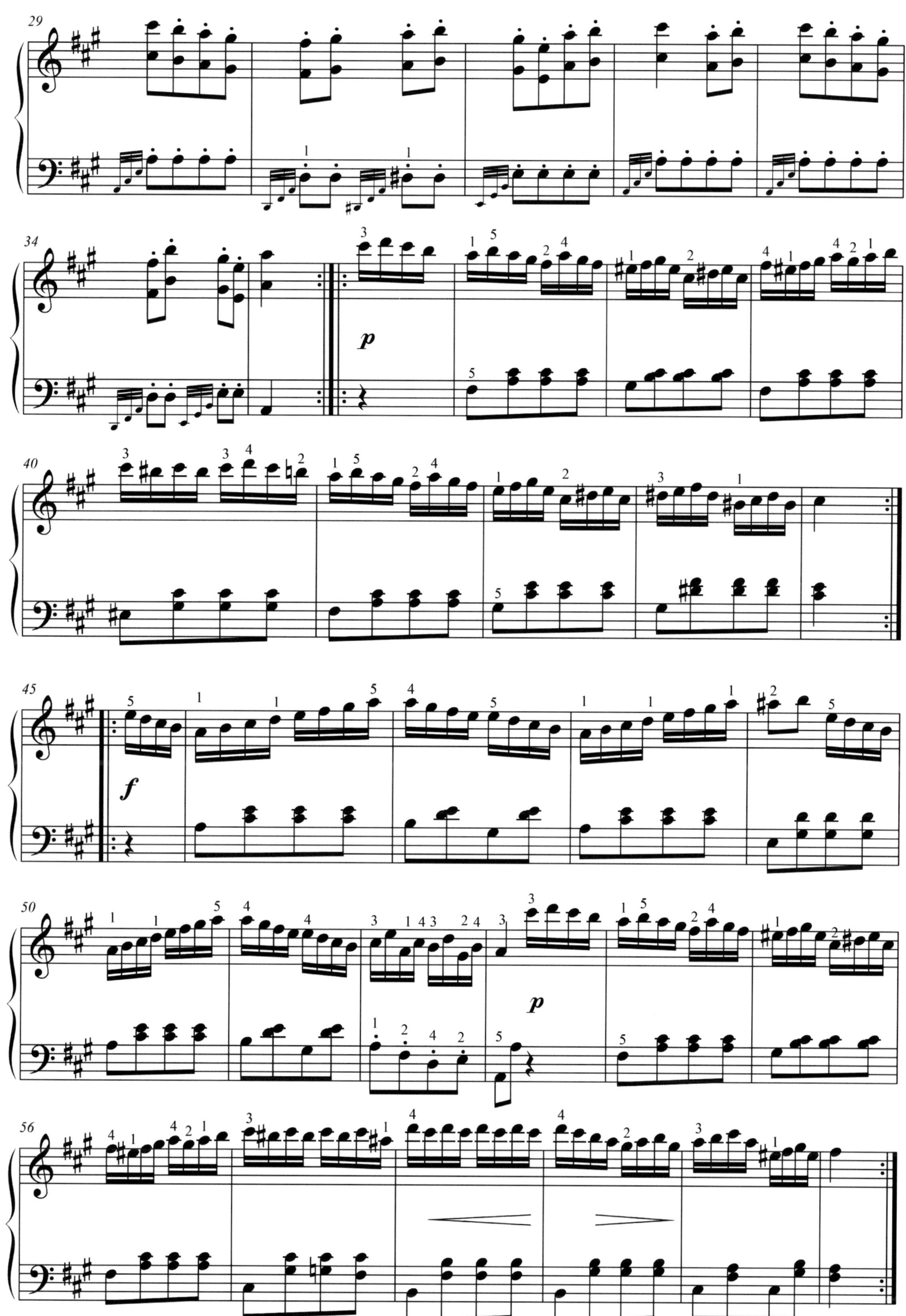

p
f
p

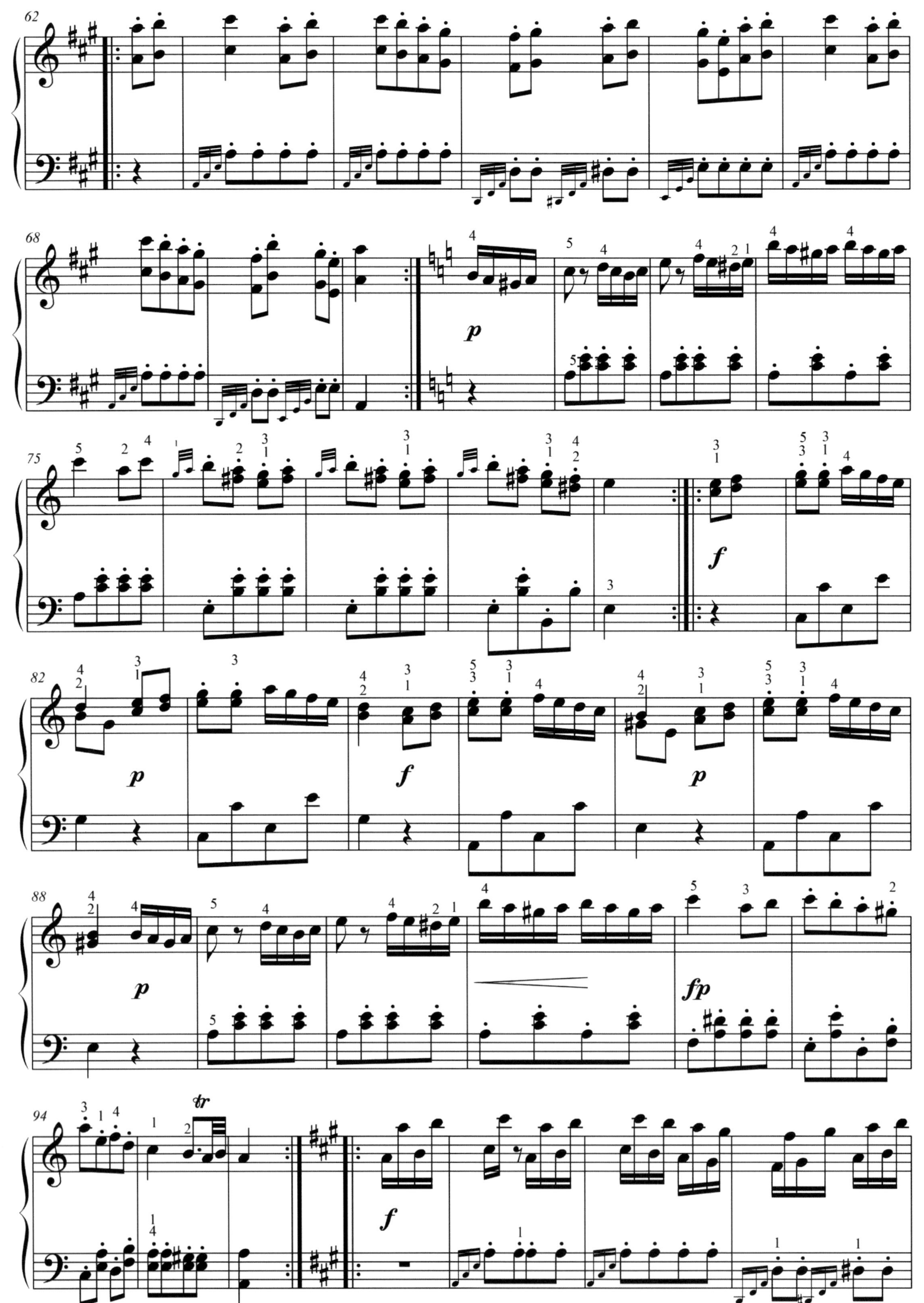
p
f
p
f
p
p
fp
tr
f

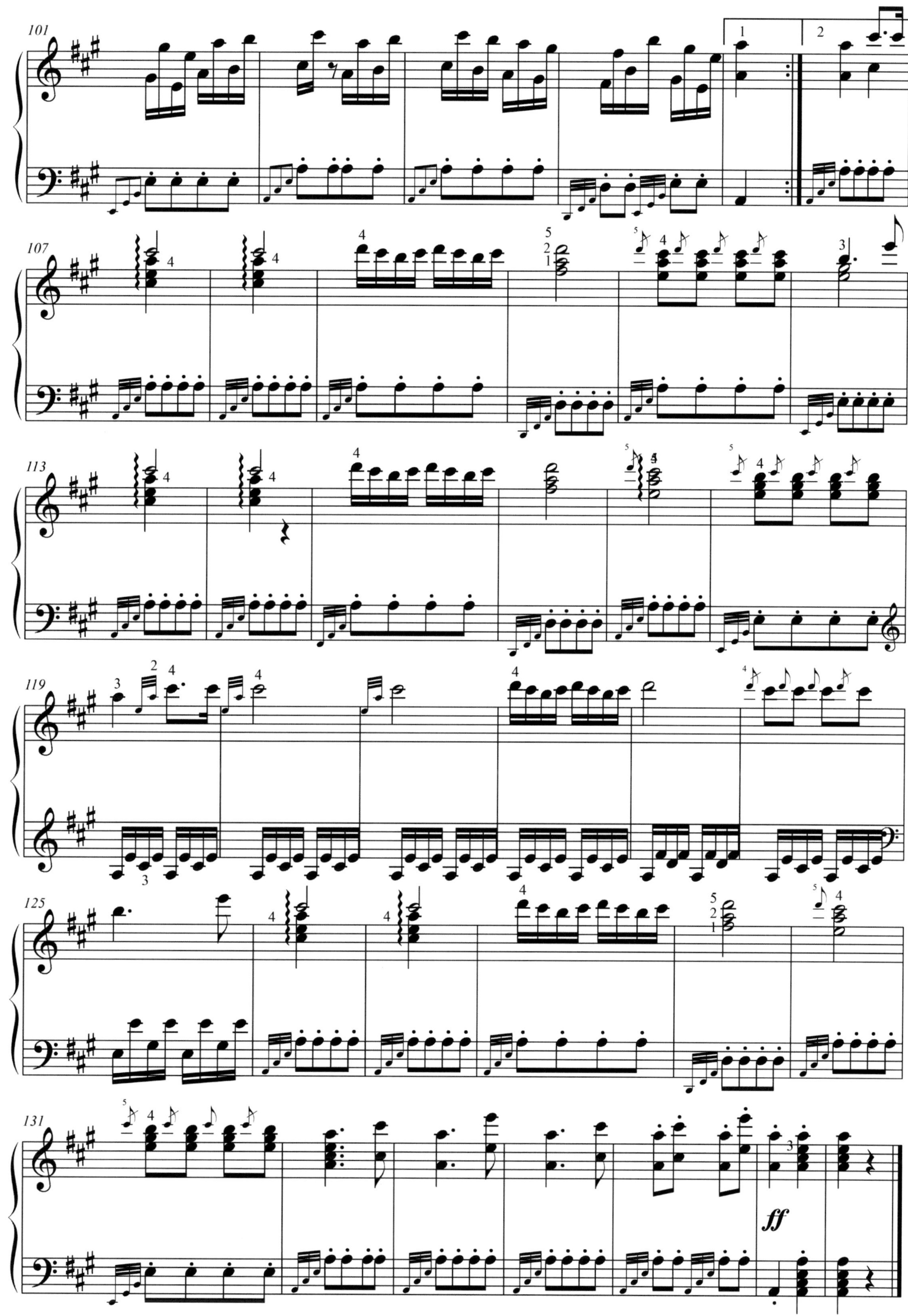
101
107
113
119
125
131
ff

Valse

(à Madame la Baronne de Rothschild)

Frederic Chopin

C#m-Walzer

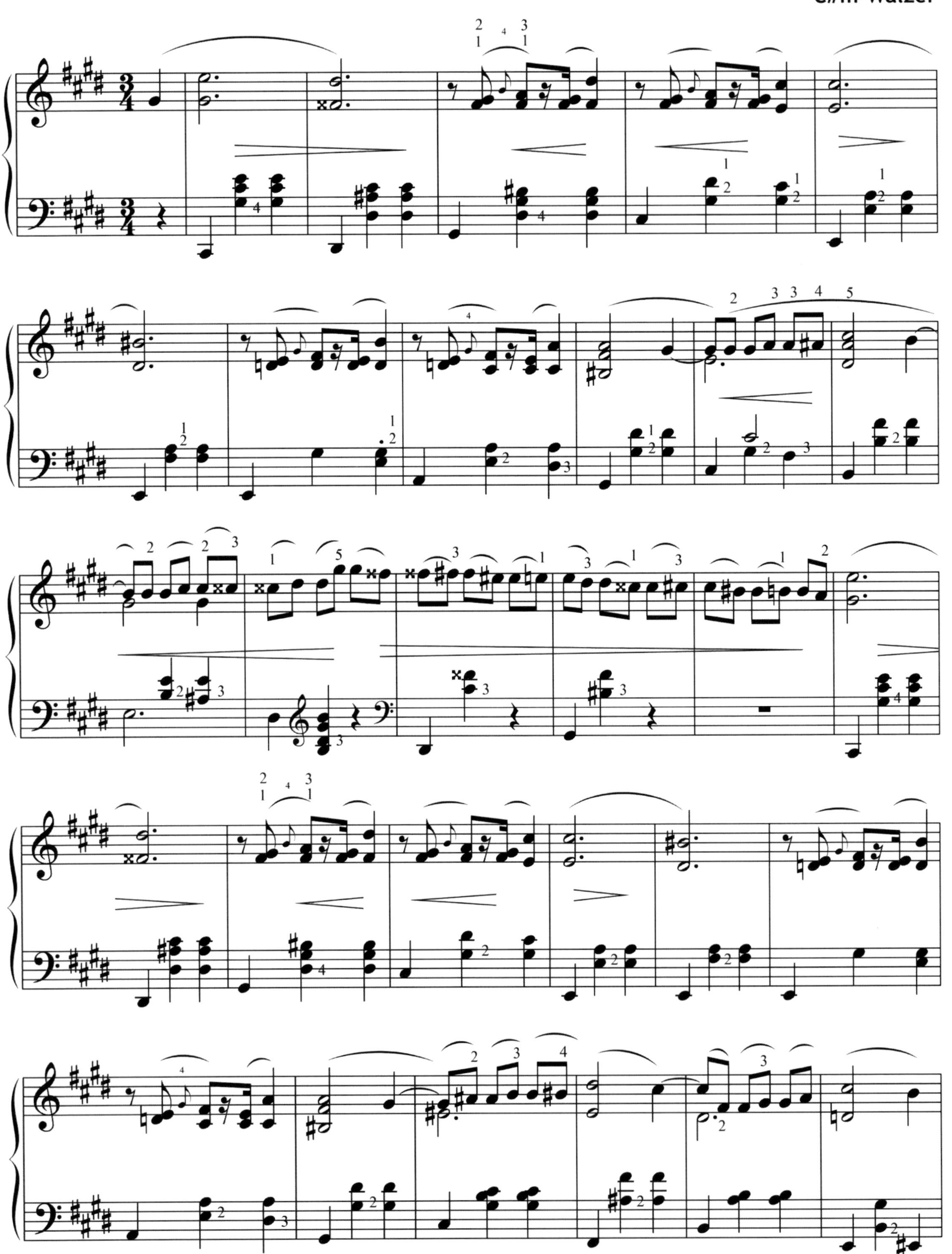

Die Legatobögen markieren musikalische Sinneinheiten. Man kann minimal absetzen, neu ansetzen, wie ein Sänger der Atem holt.

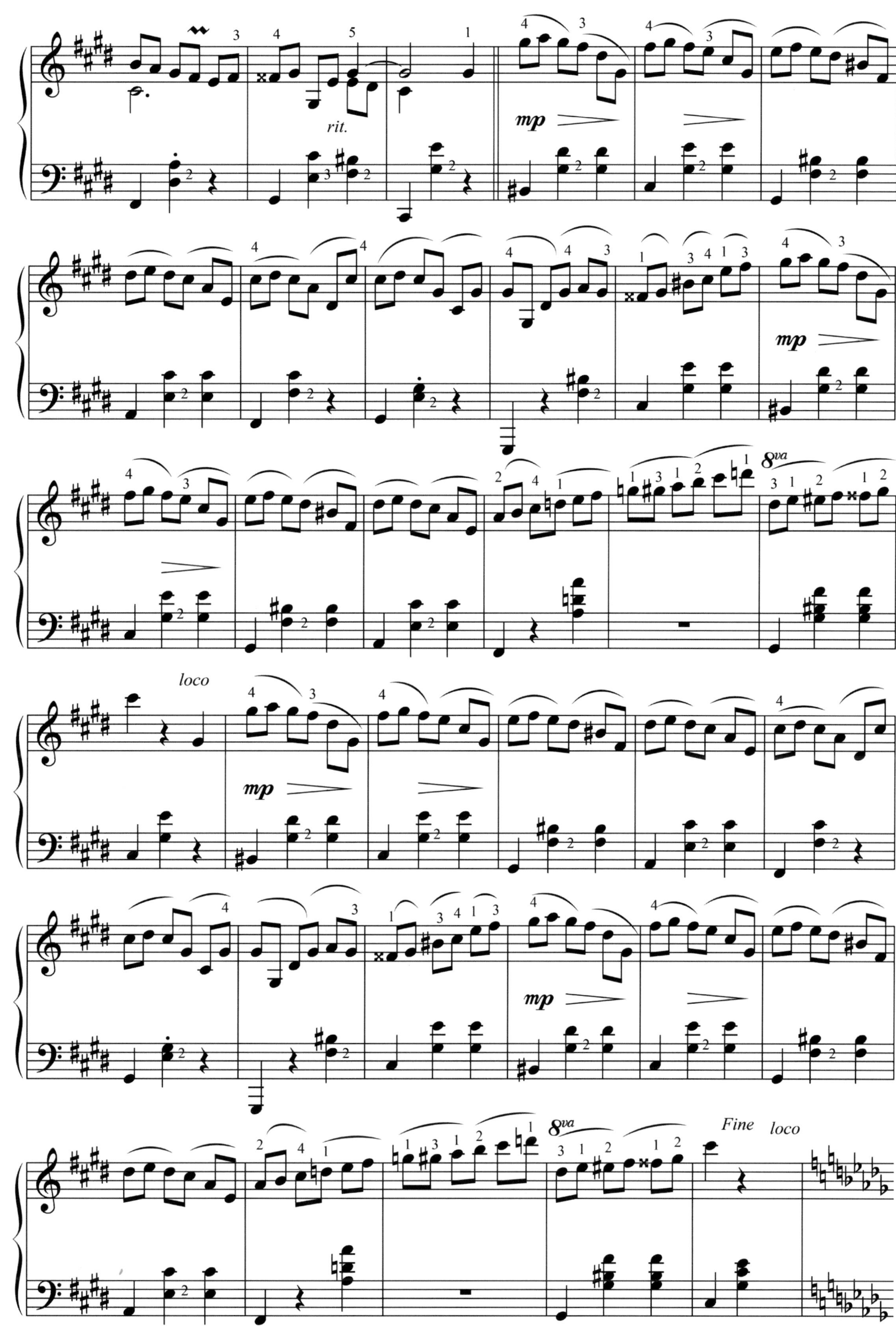
rit.
mp
8va
loco
Fine

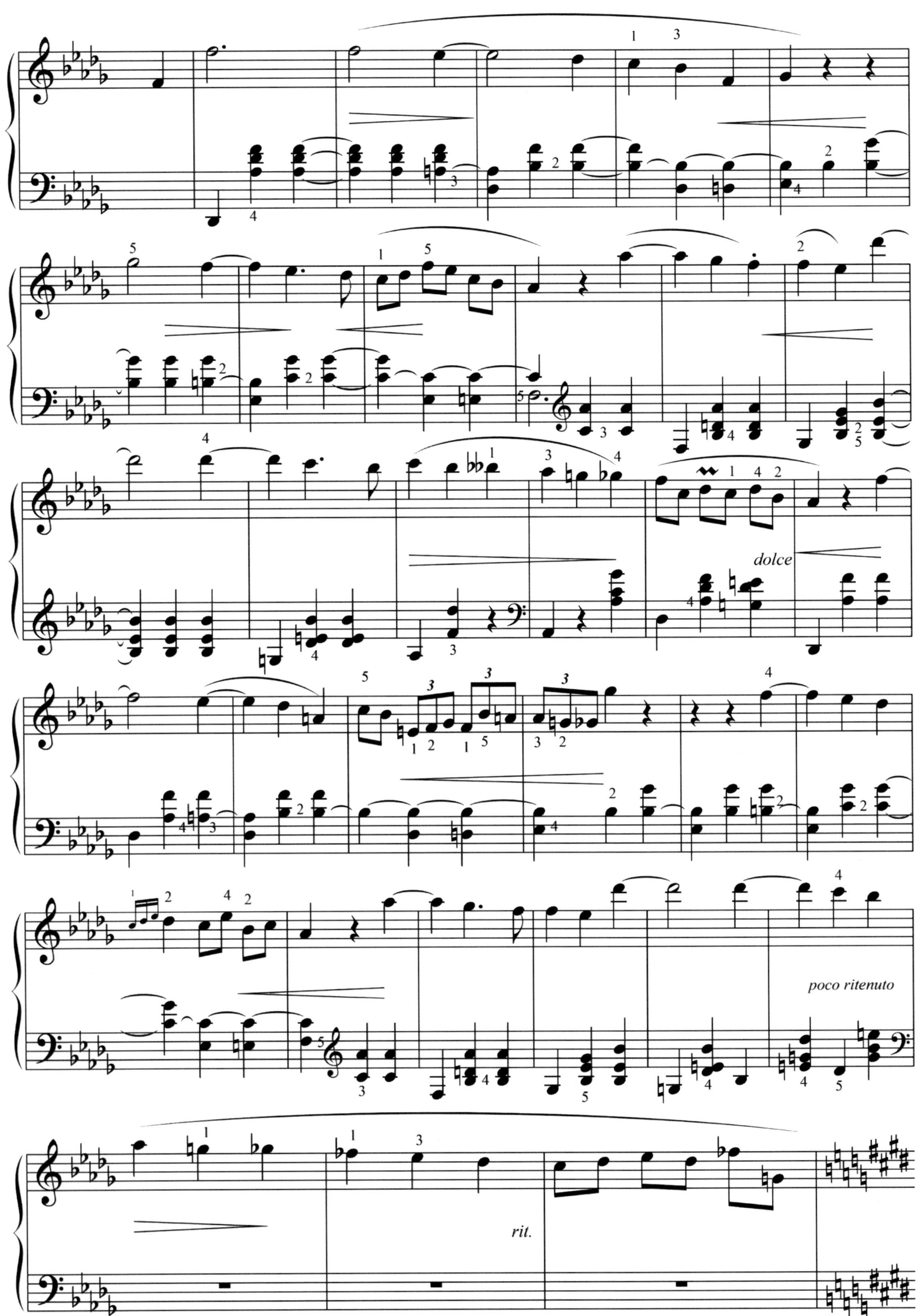
dolce
poco ritenuto
rit.

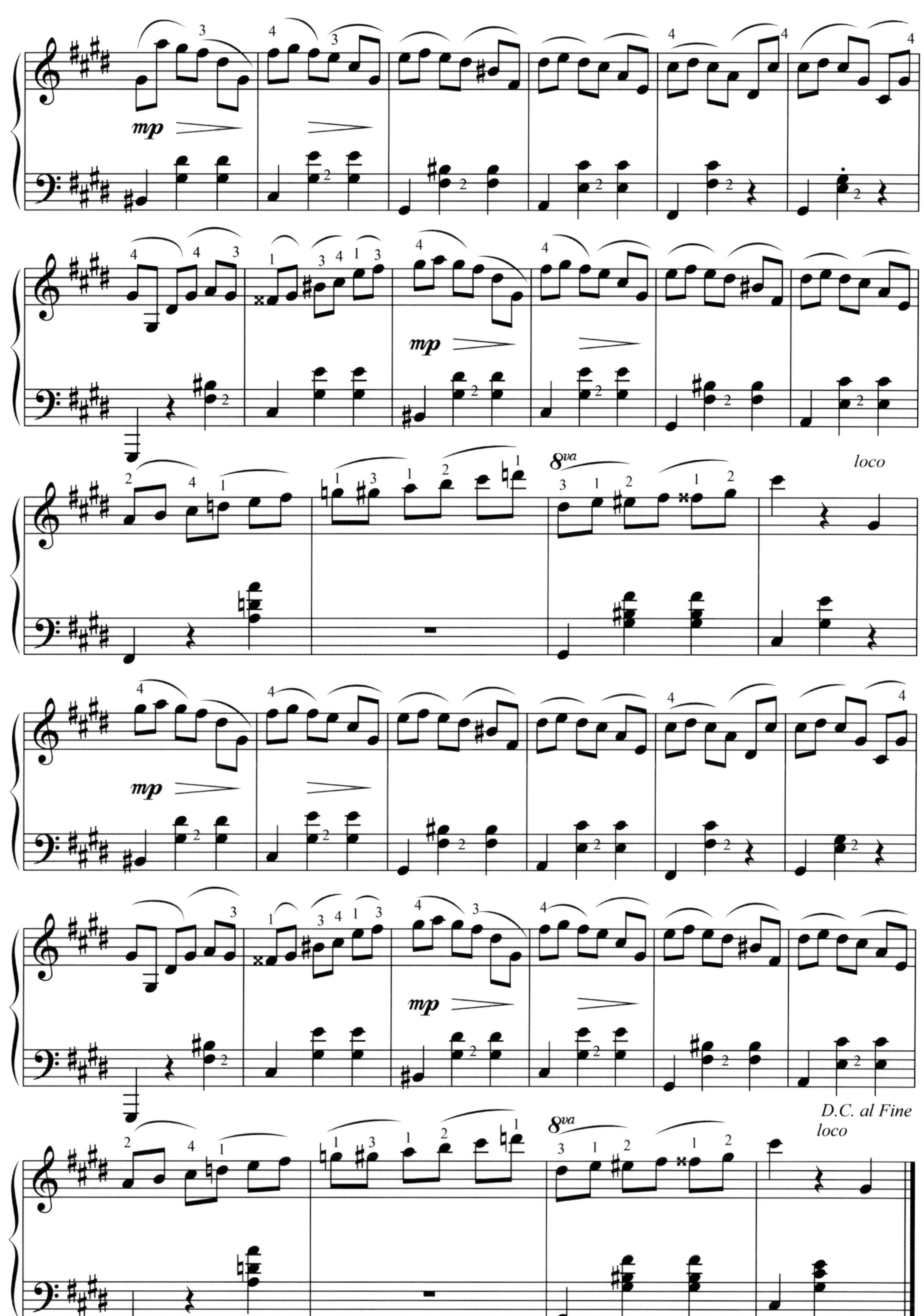
mp
mp
8va
loco
mp
mp
8va
D.C. al Fine
loco

Akkordfunktionen / Kadenzen & 7 Stufenakkorde

Die meisten Klavierspieler wünschen sich, Lieder ohne Noten spielen zu können. Anbei ein paar Tipps, um die Akkorde selbst & Begleitmuster schneller zu finden. **Weitergehende Informationen s. Voicingtabellen s. S. 45 oder JAZZ- & POP-Harmonielehre, A. Kemper-Moll**, Voggenreiter. Schreibe zuerst die Tonleiter Deines Stückes auf. Spiele mit leitereigenen Tönen die Hauptakkorde/ Kadenzen (Schlussformel) I IV (IIm) V7 I (V7 mit nachschlagender 7/ s. Bsp), mit kleinster harmonischer Bewegung/ Gesetz des kleinsten Weges:

I: Tonika: Zuhause, tonales Zentrum, Ruhepol

IV: Subdominante/ „die Reise beginnt“
wird in der II V I-Verb. ersetzt durch: IIm7

V7: Dominantseptimakkord/ instabil wie der Leitton zum Grundton, führt der V7 zur I, „nach Hause“

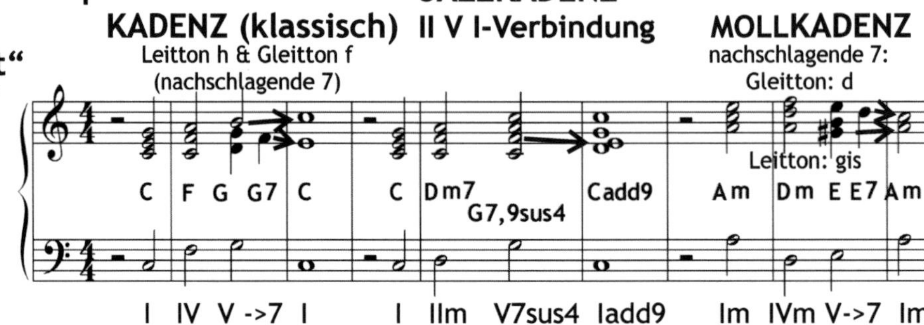

Diese 3 Akkorde reichen aus, um einfache Lieder zu begleiten. Spiele die Dur- oder Molltonleiter der ersten Stufe. Bilde 3 (4-stimmige) Akkorde auf den 7 Stufen der Tonleiter unter Verwendung der leitereigenen Töne. Schreibe die Akkordsymbole auf und nummeriere römisch. Wenigstens der V7 sollte 4-stimmig sein (die 7 hat als Gleitton eine Funktion). Markiere die 3 Haupt-Funktionen (-Akkorde).

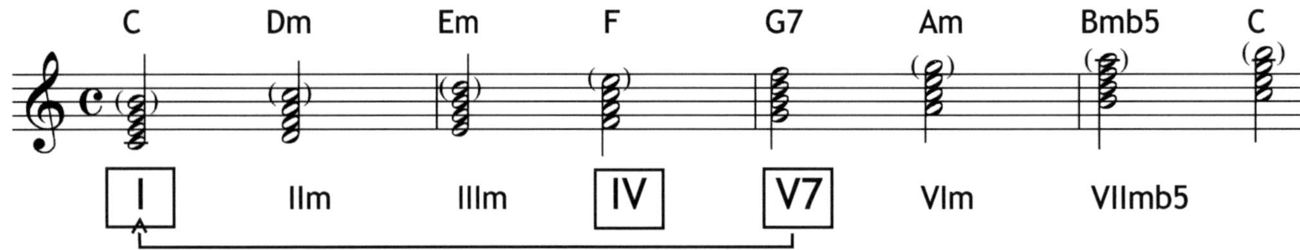

Verwende z.B. in A-Moll (Paralleltonart) den künstlichen Leitton (gis) nur wenn er gebraucht wird (s.u.) beim V7 (Dominantseptimakkord), denn er führt wie der Leitton zur Im (Tonika). Spiele beide V7 (E7 & G7) mit Septime (Gleitton s.o.& S.29). Der VII°7 kann mit Leitton (gis) als „verkürzter E7b9" ebenfalls nach Am (nach Hause) führen. Der VII7 kann ohne gis (=V7 der parallelen Durtonart: C) zur Durparallelen C führen.

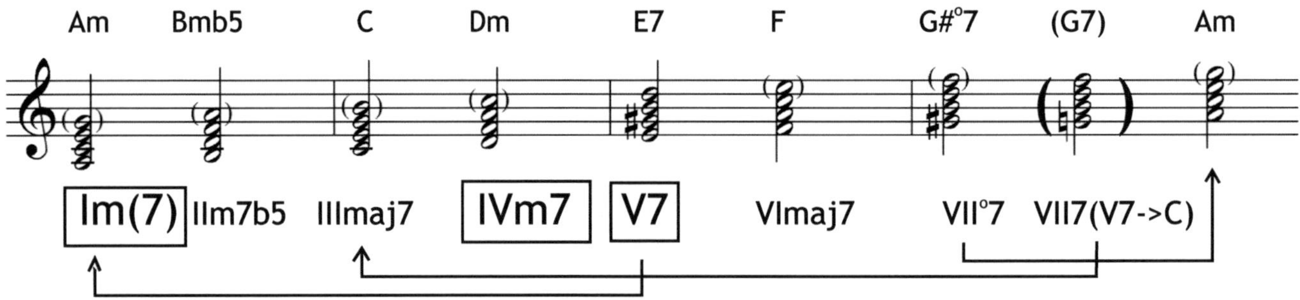

Kleine Anleitung zur Harmonisierung

Im Folgenden findet Ihr Melodien ohne Akkorde: „Gospel & Weihnachtslieder selbst gemacht!“ Ihr könnt eine Harmonisierung + Begleitpattern (er)finden! **Tonartbestimmung:** Neben den Vorzeichen kann ein Quartsprung nach oben am Melodieanfang (V->I) oder ein Quintsprung nach unten (V-> I) den Grundton (I) markieren (s. Amazing Grace). **Probiere anfangs eine zweistimmige Version (nur Melodie + Basstöne) und zuerst I, IV & V7.** Der letzte tiefste Ton (links) ist meist der Grundton. Melodietöne auf Zählzeit 1 (stark betont) sind besonders wichtig. **Meist ist der Melodieton einer der Dreiklangstöne.** Suche zuerst nach Akkorden an Zäsuren (4-8-taktige Perioden), dann Voicings, Quintfälle. Setze V7 und II/ IV vor eine I (rückwärts harmonisieren). Spiele zunächst links mit halben und ganzen Noten (noch ohne Begleitpattern). Wenn I, IV & V7 nicht passen kannst Du die anderen Stufenakkorde probieren: Ein Melodieton z.B. C ist in C Dur in 3 Dreiklängen enthalten. Als Grundton in C, als Terz in Am od. als Quinte in F). Man kann alle drei zu einem Melodieton passenden Akkorde übereinander schreiben und dann mit Try & Error (wegradieren) ausprobieren. Es gibt sehr viele Varianten, man sollte geduldig und schnell sein, um einen 4-8 taktigen Abschnitt im Kontext und den großen Bogen beurteilen zu können. Übertrage Kadenzen, II V I-Verbindungen und die Stufenakkorde nach G, F Dur, Dm, ... VIEL SPASS!

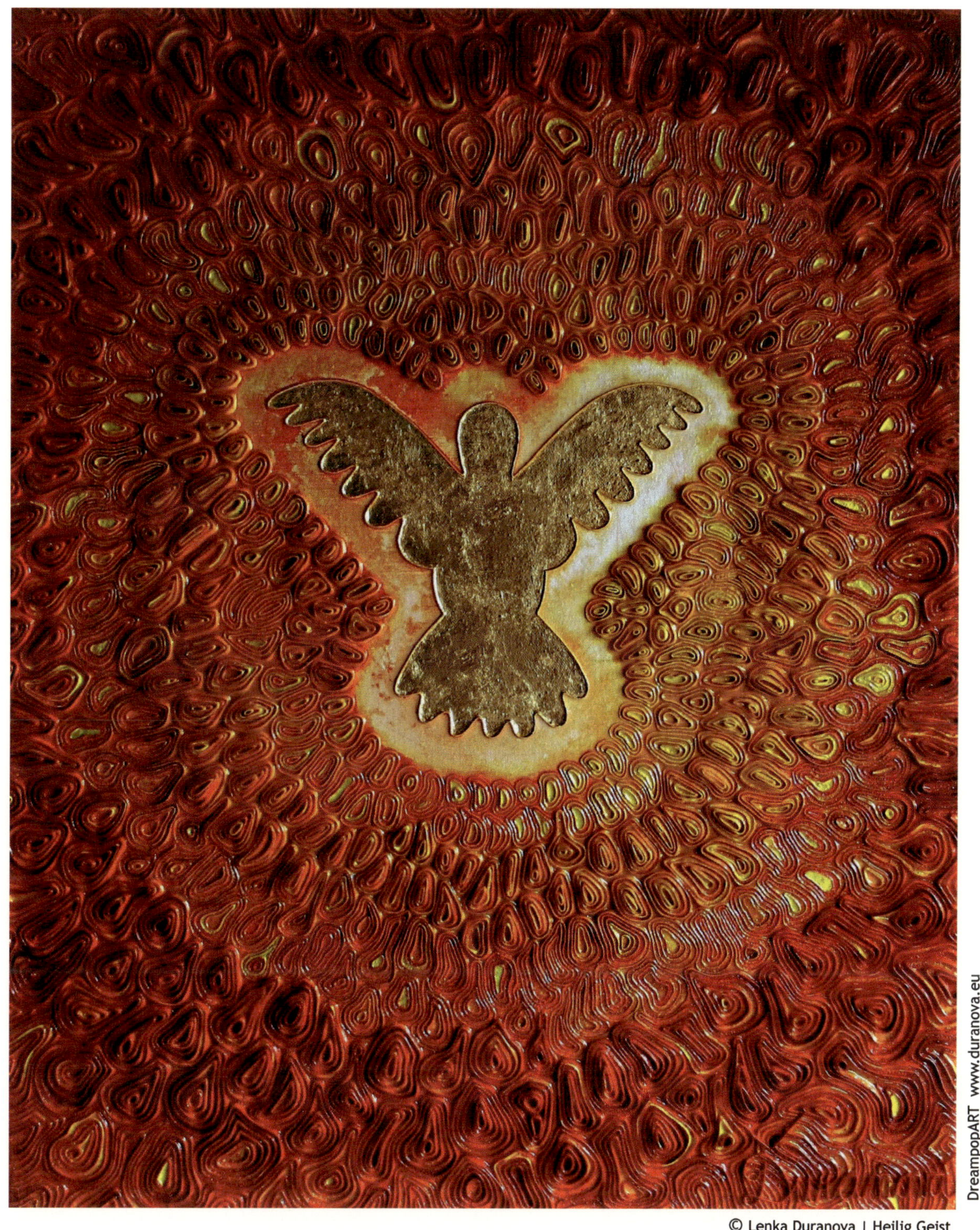

© Lenka Duranova | Heilig Geist

Weihnachtslieder

zum selber machen

Stille Nacht

Amazing Grace

Oh du fröhliche

Morgen kommt der Weihnachtsmann

Durchgangsakkorde X/3 & Zwischendominanten (V7)

Fortgeschrittene können versuchen, auch Akkordumkehrungen (Schrägstrich-Akkorde) einzubauen. Am wichtigsten ist hier die Variante X/3 (Dur mit 3 im Bass). Im Gegensatz zu den Akkorden mit Grundton im Bass, die wie Säulen tragende Funktion für den Rohbau unseres Tonsatz haben, sind diese (engl.) „Slashchords" / Umkehrungen instabiler, „luftiger, leichter" (ohne Terzverdoppelung) und deshalb für überleitende Situationen besser geeignet. <u>**Sie sind oft durch verbindende Bassstimmführung motiviert.**</u> **Bei Akkordumkehrungen: X/3 greife wieder Sexten in der linken Hand. SETZE LINKS DEN MITTLEREN TON HOCH in die rechte Hand und add9: ergänze ggf. die None (od. 11) Z.B.:**

13

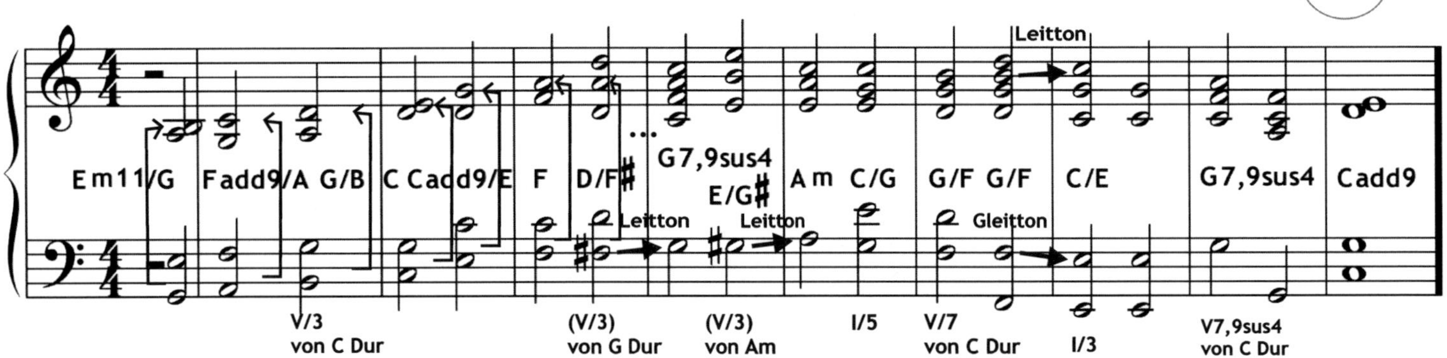

Diese Akkordfolge ist motiviert durch die steigende & fallende Basslinie und steht in C Dur. Fis führt als fremder Leitton nach G. Durch tonleiterfremde, verbindende Basstöne und fremde (V7) Zwischendominanten (werden in Klammern gesetzt) können Akkorde zugkräftig angestrebt werden. Man unterscheidet Modulation (Tonartwechsel, neue Vorzeichen bleiben erhalten) und Ausweichung. Hier ist die Ausweichung durch die Zwischendominante (D/F#) so schwach, dass das fremde Vorzeichen (fis) beim Folgeakkord sofort wieder wegfällt (G7,9sus4/ 7=f). Über D/F# kann die G Durtonleiter (mit fis/ Ausweichung) zum Improvisieren, Varieren, ... verwendet werden.
Bei fallendem Bass werden auch die anderen Akkordumkehrungen (Takt 6 - 7: X/5 & X/7) als Durchgangsakkorde verwendet. V7/7 (7=Gleitton) führt hier zu I/3. **Weitergehende Infos s. JAZZ-& POP-Harmonielehre von Axel Kemper-Moll, Voggenreiter/ Bonn)**

Harmonisierungs-Vorbereitung: Die 7 Stufenakkorde, Hauptfunktionen & Quintfall

-bestimme die Tonart der Melodie über die Vorzeichen & den letzten & tiefsten Ton im Bass: Die meisten Stücke enden auf dem unten liegenden Grundton (der liegt nicht immer in der Melodie).
-Schreibe die 7 Stufenakkorde auf (verwende leitereigene Töne, bilde den V7 in Moll + Leitton, s. S. 73)
-markiere die Hauptfunktionen/ Akkorde: I (II) IV & V7
-Spiele die 7 Stufenakkorde in der Quintfallkadenz (nach Gesetz des kleinsten Weges, ... s.S.29) z.B. auf D Moll:

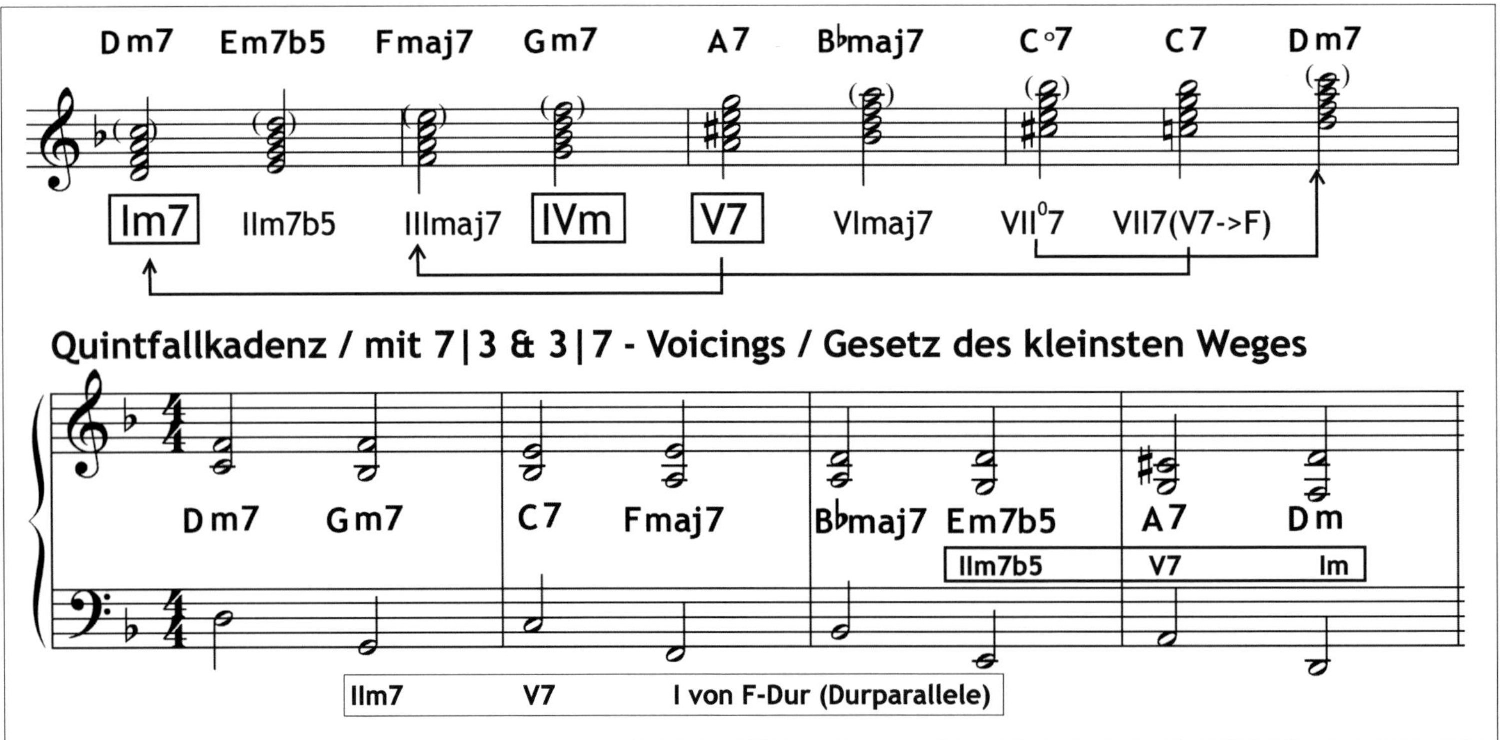

Stille Nacht

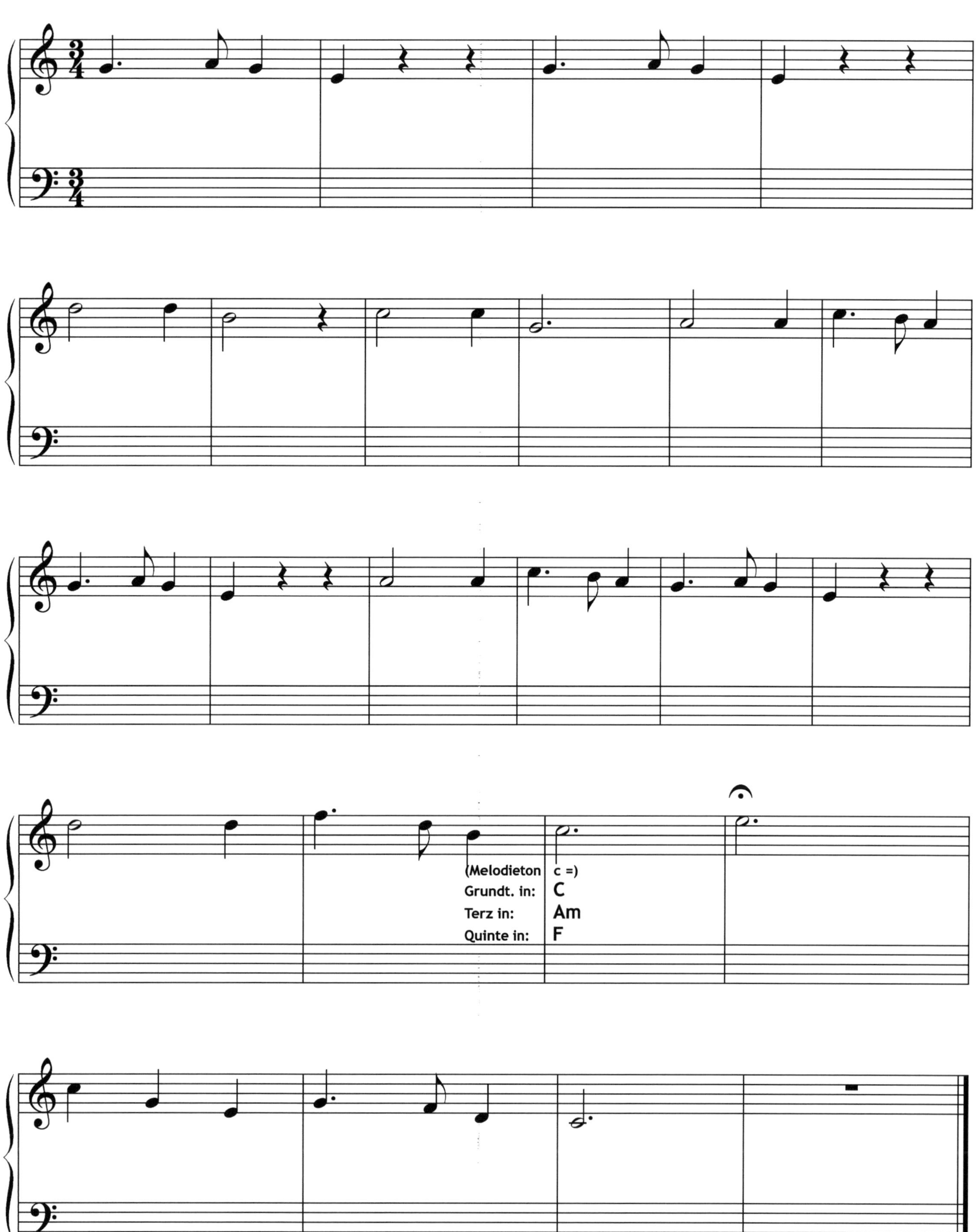

Spiele zunächst zweistimmig: Melodie + Bass. So findest Du u.a. Stellen, wo die Hauptfunktionen (C, F & G) gut passen. Suche zuerst die Akkorde an den Zäsuren. Prüfe ob der passende V7 od. Zwischendominante (V7) s. S. 74 & die IIm vor den Akkord an der Zäsur gesetzt werden können. Wenn andere Akkorde in Frage kommen, schreibe im Zweifel die 3 Akkorde übereinander s. vorletzte Zeile, in denen der Melodieton im Dreiklang enthalten ist. Probiere: Try & Error. Für die naheliegendsten / 7 Stufenakkorde von C Dur s. S. 72. Einen jazzigen Lösungstonsatz findest Du S. 66 in Band II.

Amazing Grace

Traditional
Bearbeitung: Axel Kemper-Moll

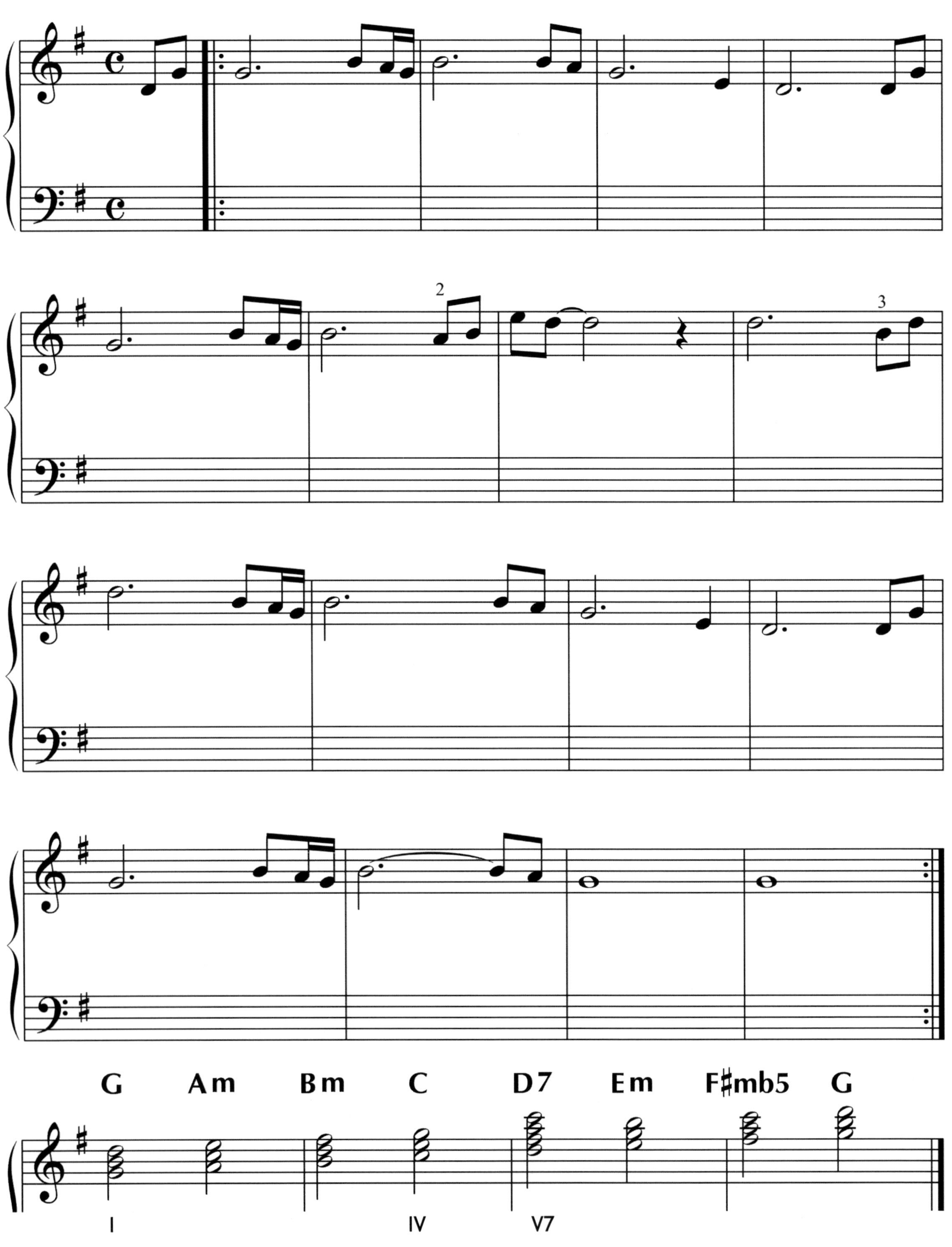

Oh Du fröhliche

Bearbeitung: Axel Kemper-Moll

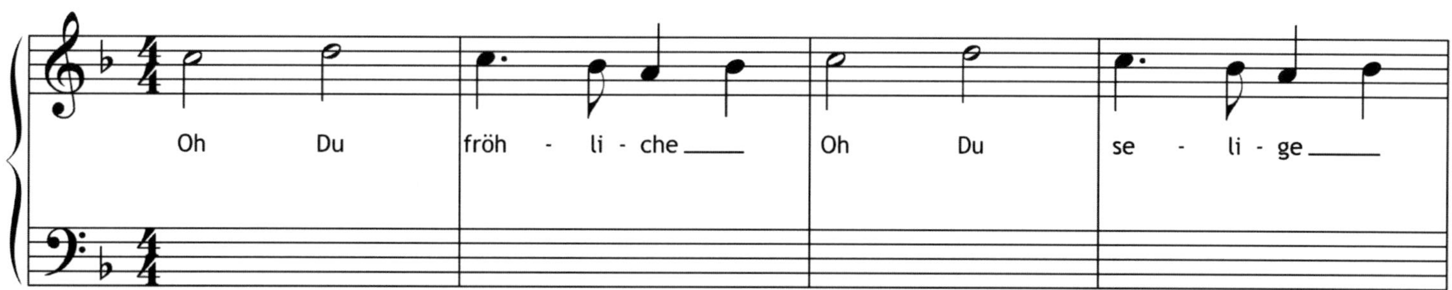

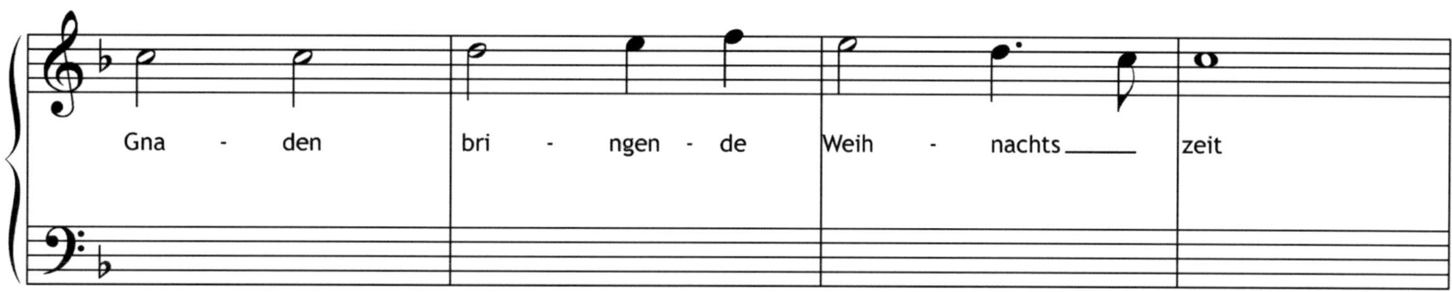

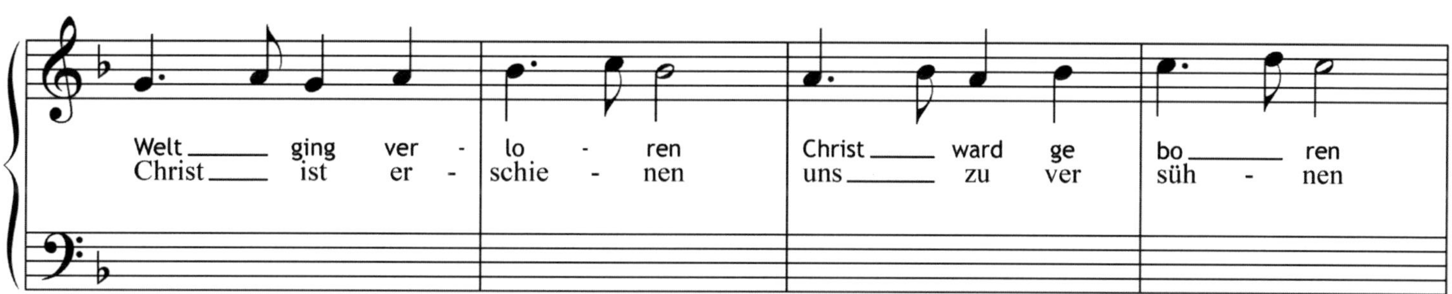

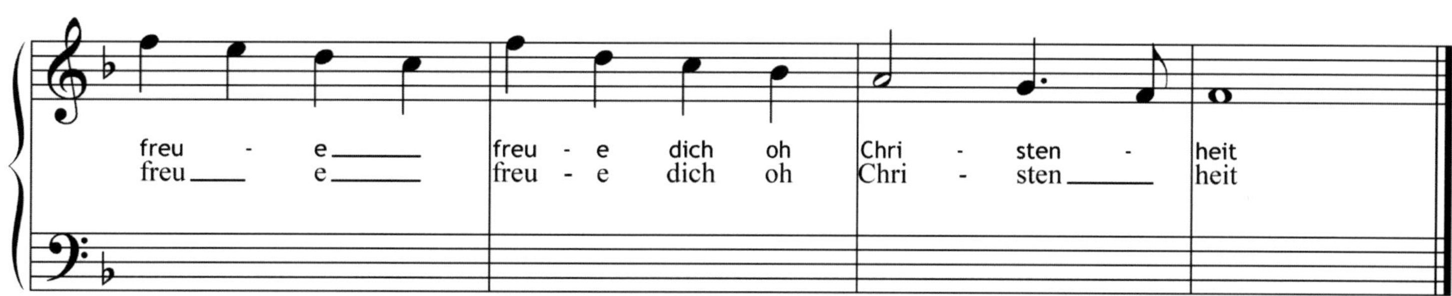

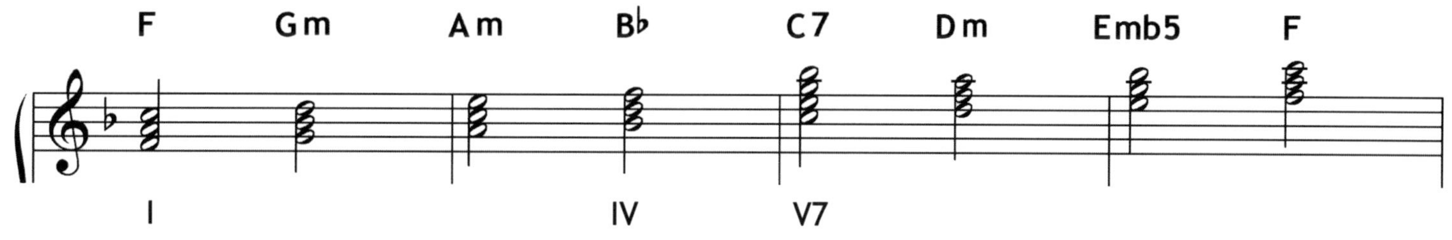

Morgen kommt der Weihnachtsmann

Bearbeitung: Axel Kemper-Moll

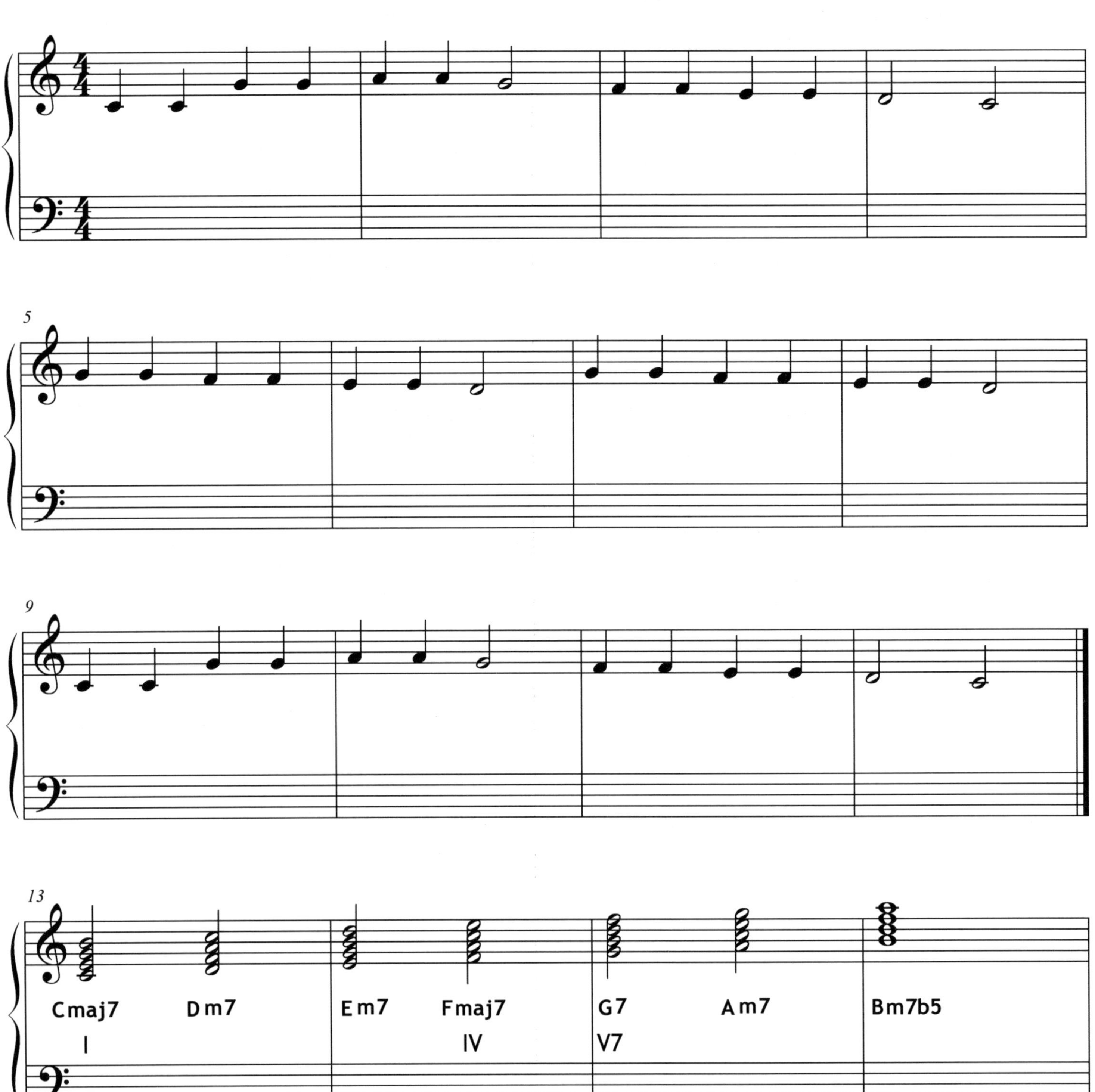

Morgen kommt der Weihnachtsmann

Bearbeitung
Text und Musik
Axel Kemper-Moll

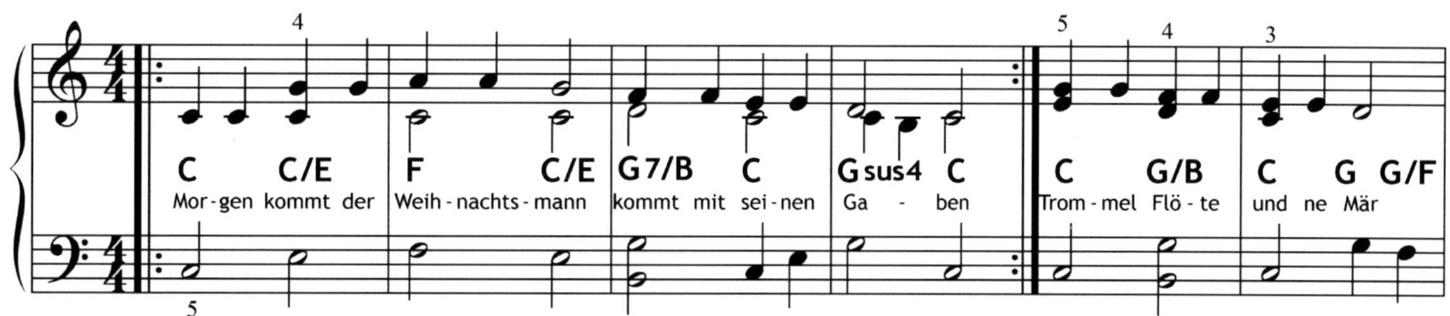

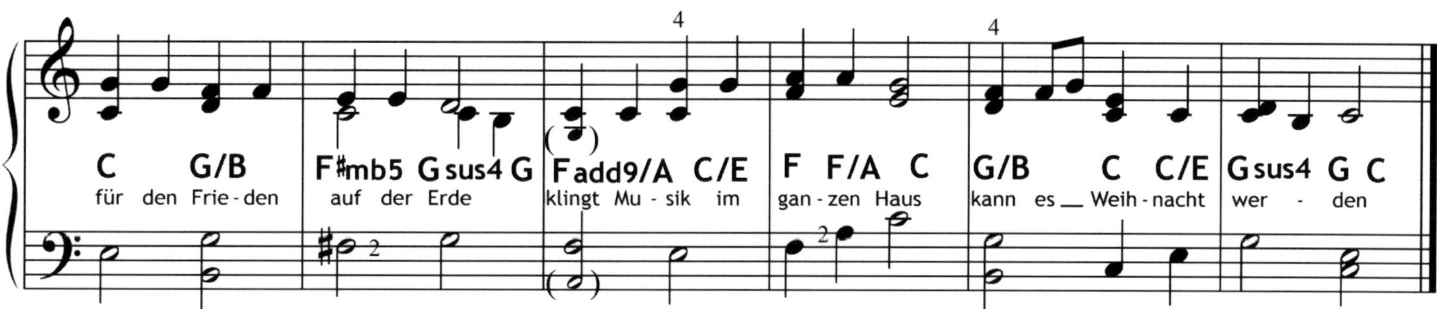

»X-mas 2018« / VARIATION

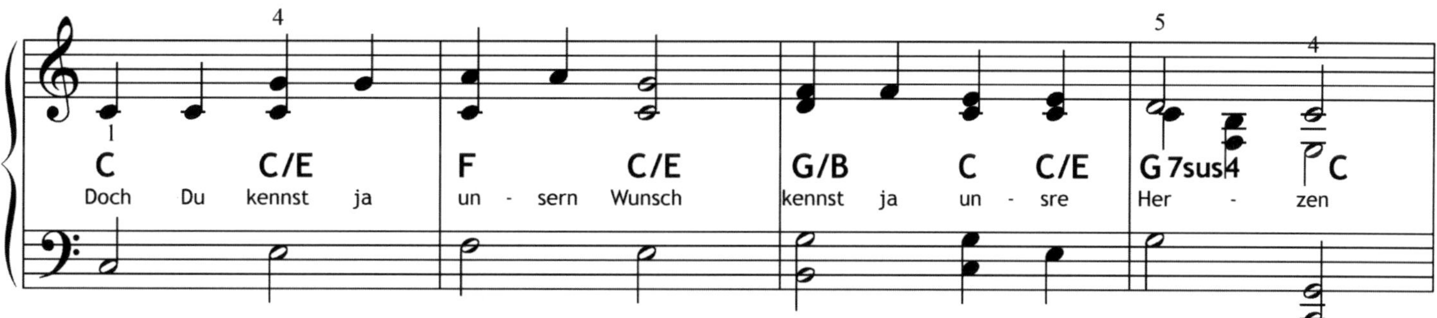

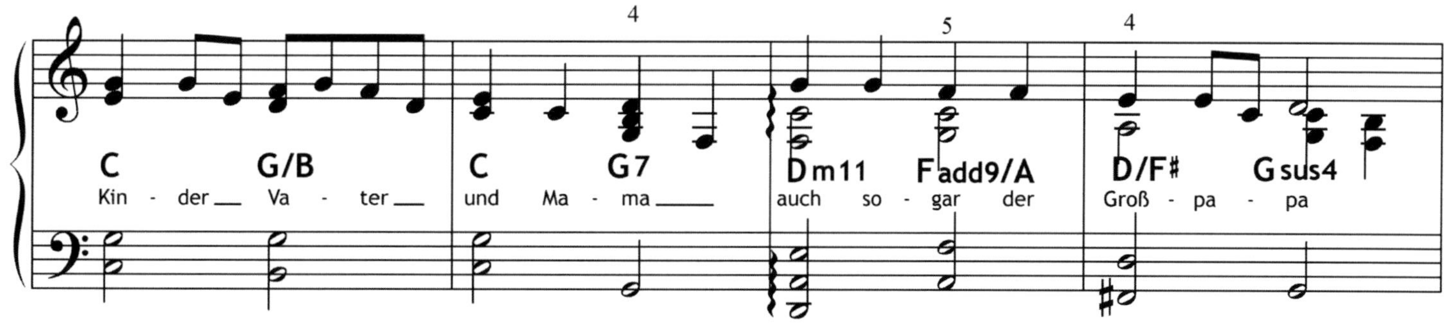

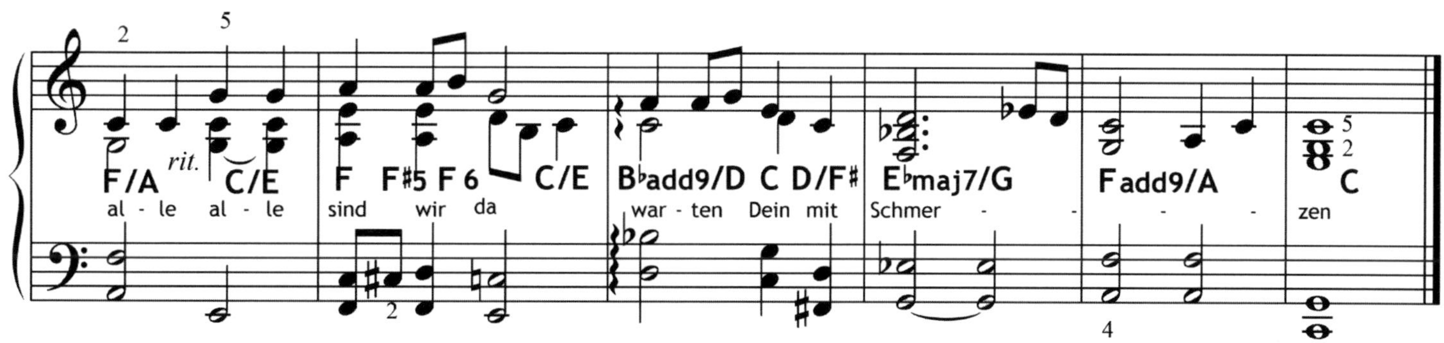

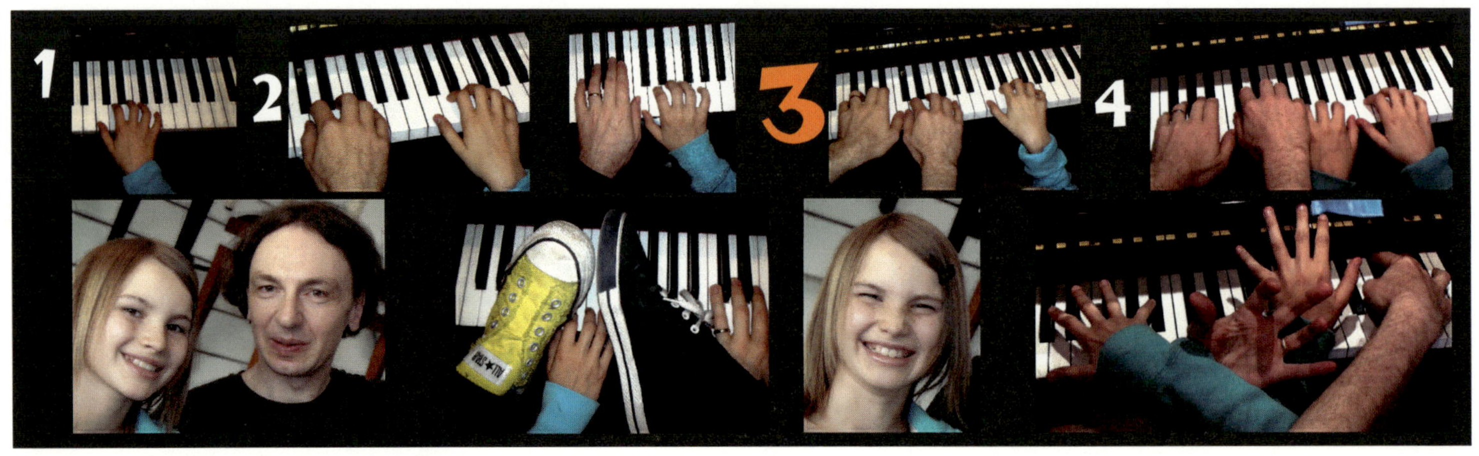

MACH MEHR MUSIK!

1 - 4 händiges Konzept

Mehr Musik machen im Unterricht macht Lernen durch Imitation möglich. **Dynamik Phrasierung, Notenlängen und selbst Haltung, lockeres Spiel, ... können dann einfach nachgeahmt werden** (mit weniger Zählen, viel weniger Erklärungen & Kommandos). **Besonders viel Freude brachte 3 händiges Spiel der Schülerstimme! (s. Foto mit Lehrer*in od. mit der CD).** Hände einzeln üben und 3-händig s.u. ist nur möglich, wenn die Hände nicht gerade abwechselnd spielen.

am Anfang:

Vorspiel (/Anhören CD). **CD AUS. Mitspielen zur CD erst später nach dem Einüben, nur wenn ohne Stress möglich.** Tonart bestimmen, Vorzeichen am Zeilenanfang, (zur Not im Notentext markieren) Tonleiter spielen. Lagen markieren, ggf. Lagentraining.

1. R(echte Hand) Schüler*in alleine (mit rhythmischen Fehlern)

Erst wenn der Schüler die Noten halbwegs unter die Finger bekommt (auch mit rhythmischen Fehlern) kann man unterstützen durch mitspielen, vorher würde es Hektik/ Stress auslösen.
Fingersatz & schwere Stellen klären (2-4 Takte). Stellen nochmal anhören/ vorspielen. Nur an wirklich schweren Stellen beschriften (1 + 2 + 3 + 4 +) Schüler & Lehrer zählen laut. Lehrer*in führt & zeigt mit Bleistift in den Noten, wo der Schüler ist. Falls viele Fehler und Streßsymptome: Tempo runter.

2. R Schüler (sitzt rechts / 8 *va)* + R Lehrer

nur an schweren Stellen wenig Zählen, linker Fuß evtl. nur Lehrer*in schlägt die Viertel oder gemeinsam Zählen, Zögern möglich, kein Metronom (od. später wenn kein Zögern mehr nötig). Auf unsynchrone Stellen hinweisen. **Durch das Mitspielen entsteht ein Effekt wie im Chor, man kann sich orientieren an jemandem der stabiler ist. So kann man viel ohne Zählen lernen, falls Zählen doch nötig, kann man wesentlich früher mit Zählen aufhören und auch Anfängern selbst kompliziertere Rhythmen beibringen.**

2.1. R Schüler + L Lehrer

3. Dreihändig: R: Schüler*in sitzt links und spielt einzeln, Lehrer spielt beidhändig R/L die komplette Schülerstimme. (zunächst ohne Lehrerstimme bei 4-händigen Stücken).

Oft reichen Schritt 1, 3 & 4

Bei guten Schüler/innen kann man einige Schritte kürzen oder weglassen jedoch wiederhole Schritt 3.

Das Gleiche mit Links: Plätze tauschen, Schüler*in sitzt links

1. L(inke Hand) Schüler*in alleine (mit rhythmischen Fehlern)

2. L Schüler + L Lehrer *8va*

(wenig Zählen + 4-tel linker Fuß, Beschriften & Zählen an schweren Stellen)
2.1. L Schüler + R Lehrer

3. Dreihändig: L Schüler*in einzeln + Lehrer L/R beidhändig (sitzt rechts) spielt komplette Schülerstimme *8va* (zunächst ohne Lehrerstimme bei 4-händigen Stücken)

3.1. Schüler L/R spielt 4-8 Takte (alleine)

2 x 2 händig: Zum stabilisieren kann man danach versetzt (oder auf 2 Instrumenten) das gleiche 2 x 2 händig spielen. (od. Wiederhole Schritt 3)

4. Vierhändig: Jetzt erst spielt der Lehrer die Lehrerstimme + der Schüler die Schülerstimme

VORTEILE

Man kann viel früher aufhören zu zählen. Es wird mehr gemeinsam musiziert -> erlebnisorientierter. Man muss weniger erklären / ermahnen, ... ein Großteil läuft über Imitation, Kommunikation findet auch über die Ohren statt. Selbst Körperhaltung, Phrasierung, Technik und Dynamik können einfach vom Schüler nachgeahmt werden. **Wiederhole hierzu Schritt 3 auch wenn es schon beidhändig ginge.** Das ist bei guten Schüler/ innen keine „Einbahnstraße", Ideen der Schüler*innen (Lautstärke, Phrasierung, ...) können auch den Lehrer inspirieren.

Ergänzung

Orientierung nach Gehör ist ein Zeichen von Musikalität und sollte unbedingt unterstützt werden. Da die Arbeit über die Ohren dem Notenlese-Lernprozess abträglich ist, sollten separat intensive Notenleseübungen gemacht werden z.B. mit Notenmemory-Karten + PC-Trainingsprogrammen. Selbständiges Erarbeiten und Lesefähigkeiten können anhand von schweren Stellen, Beschriften, Zählen und mit separaten Leseübungen verbessert werden.

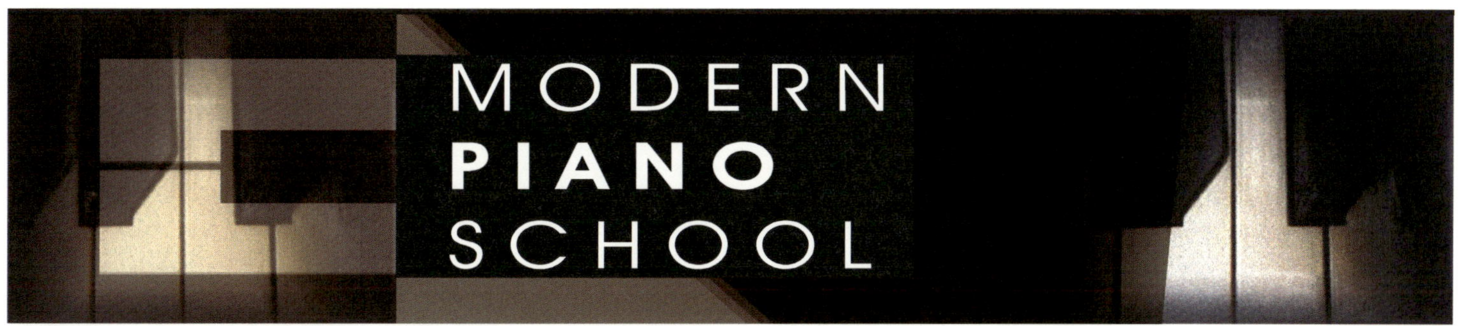

Schönste Sammlung / klassisch & modern

Klavierschule für Erwachsene & Jugendliche

2 & 4 händig Hörbeispiele auf CD & Download
DEMOVIDEO & Infos unter www.modern-piano-school.de

BAND I DAS ERSTE JAHR

Elementares Grundwissen:
Die Tastatur/ Das Doppelsystem/ Die Noten/
Taktarten Notenlängen & Pausen

Kapitel 1 Stücke in der Mittel-C Position
Körperhaltung/ Phrasierung,
Lautstärken/ Vorzeichen

Kapitel 2 Finger 2-5 werden verschoben

Kapitel 3 Stücke mit anderen Lagen/ Lagentraining, Stücke mit Lagenwechsel & Daumenuntersatz

Kapitel 4 Weihnachtslieder leicht

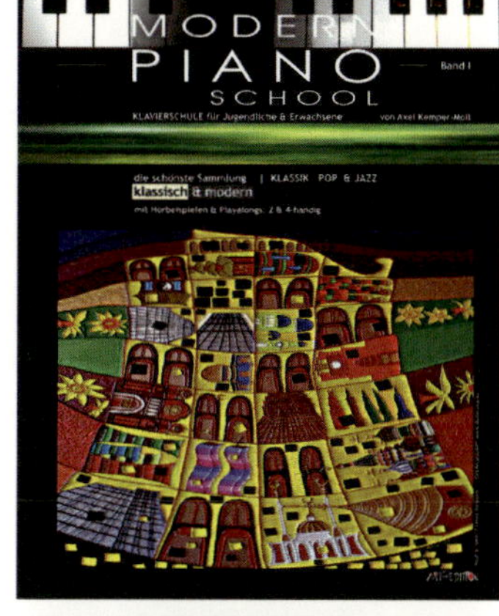

BAND II EINFÜHRUNG IN DIE KLASSIKER & POP JAZZ BLUES BOOGIE SALSA

klassisch & modern

Erkennen der Lagenwechsel und Verschiebungen anhand der Fingersätze
Alle Noten
Vorzeichen am Zeilenanfang / Die Pedale
12 Dur- & 12 Molltonleitern

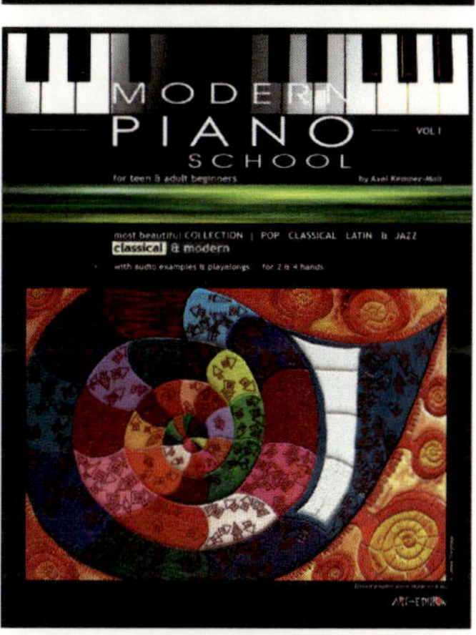

Band III kann parallel zu Band II verwendet werden

Band III Anleitung zum Spiel nach SONGBOOKS & AKKORDEN POP KLASSIK JAZZ LATIN & SALSA

Liedbegleitung / Lefthand-Pattern (Begleitrhythmen)

Die Schule der Geläufigkeit/ Handwerkliche Grundlagen
klassisches Repertoire

Harmonielehre / Gehörtraining / Tonsatz / Improvisation
Dur- & Molltonleitern
Intervalle / Quintenzirkel
7 Dreiklangstypen & Akkordzusatztöne
Akkordumkehrungen/ Schrägstrichakkorde
Voicingstrategien/ Grifftabellen
One Hand-Voicings
Two Hand-Voicings (+ Grifftabelle)
Weihnachtslieder zum selber machen
Kleine Anleitung zur Harmonisierung

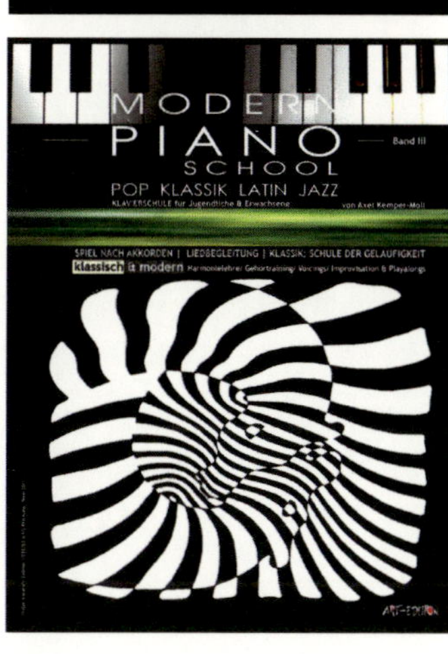

Modern Piano School Band 1 - Nr: MPS 100
ISBN-Buch: 978-3-947071-00-5
(english: MPS 106 / ISBN: 978-3-947071-06-7)
CD (separat) MPS101/ ISBN: 978-3-947071-01-2

Modern Piano School Band 2 - Nr.: MPS102
ISBN-Buch: 978-3-947071-02-9
CD (separat) MPS103/ ISBN: 978-3-947071-03-6

Modern Piano School Band 3 - Nr.: MPS104
ISBN-Buch: 978-3-947071-04-3
CD (separat) MPS105/ ISBN: 978-3-947071-05-0

Wichtige Grundsätze zum

Üben & Spielen

Die folgenden Tipps haben `Siebenmeilenstiefel-Effekte´. Hiermit könnt Ihr Eure Übezeiten mehr als halbieren und viel schneller zu einem flüssigen Spiel und sehr guten Fortschritten kommen. Wenn Ihr Fehler einbaut und wilde oft wechselnde Fingersätze verwendet, so bietet Ihr Eurem Gedächtnis Chaos und ständig neue Versionen an. Man wird mit Streßsymptomen, Selbstzweifeln und langsamen Fortschritten kämpfen. Zwar ist es nur allzu menschlich, dass man das Stück möglichst komplett, zusammen, im Orginal-Tempo, mit wildem Fingersatz hören will. Üben geht allerdings anders:

Die wichtigsten Übegrundsätze

Wählt ein Stück, das Euch nicht langweilt und nicht überfordert.
Spielt es einmal zusammen (evtl. auch mit wildem Fingersatz) durch, um Euch einen Überblick zu verschaffen (wenn das Stück nach 2-4 Wochen nicht halbwegs laufen kann, ist es wahrscheinlich zu schwer).

1. Einzeln üben & Fingersatz beachten

Übt zunächst jede Hand einzeln (Ausnahme: die Hände spielen abwechselnd /komplementär). Entwickelt am Anfang einen guten Fingersatz und haltet Euch daran, die Lernprozesse laufen dann am schnellsten. Der Fingersatz soll den besten, harmonischsten Bewegungsablauf garantieren.

2. Tempo runter: schnell spielen kommt von langsam Üben

Ihr solltet die CD zunächst nur zum Anhören des Stückes verwenden und erst nach dem Einüben zur CD spielen, wenn das ohne Stress möglich ist. Übt vorher meist unterhalb des Tempos, das Ihr Euch schon zutraut. Geht für schwere Passagen einzeln, bei kurzem Abschnitt ins Zeitlupentempo. Dann zieht das Tempo langsam wieder hoch. Nehmt das Tempo sofort wieder herunter, und übt ggf. nochmals einzeln, wenn Fehler, Stresssymptome, falsche Fingersätze vorkommen. Malt Euch aus, wie die Passage klingen sollte. Verwendet Eure Ohren: Man kann unrunde Bewegungsabläufe hören und spüren. So könnt Ihr schon über die Ohren Stellen finden, an denen der Bewegungsablauf besser laufen könnte. Verwendet Euer Körpergefühl um innere Kämpfe/ Verspannungen / Luft anhalten, unnötige Suchbewegungen zu entdecken. Schüler denken oft, dass die Probleme bei schnellem Tempo kleiner sind, sie werden im schnellen Tempo jedoch nur kleiner, weil sie vorbei huschen. **Probleme verschwinden jedoch ganz oder werden milder nur durch langsames Üben und Erkennen der Ursachen. Schnellspielen kann die Abläufe zwar nochmal verändern, kommt aber ganz von alleine**, und macht natürlich Spaß. Jedoch bringt es viel mehr Spaß, wenn man die Entspannung aus dem langsamen Bereich in den schnellen mitnehmen kann.

3. Wähle eine angenehme Gedächtnisportion: meist 4-8 Takte

Wählt überschaubare Abschnitte (4-8 Takte), sodass die `Portionen´ für das Gedächtnis die richtige Größe haben. Geht erst zum nächsten Abschnitt, wenn der vorige beim Zusammenspiel (5-10 Mal hintereinander) fehlerfrei läuft. Sammelt positive Erlebnisse. Das stärkt Euer Selbstbewusstsein.

4. Übe immer fehlerfrei

Das klingt zunächst wie eine unverschämte Forderung, hat aber eine große Bedeutung. Wenn Fehler wiederholt werden, `schüttet man Beton auf die Fehler´, sie werden automatisiert + es entsteht eine Psychobarriere (an der Stelle fliege ich immer raus). Um dies zu vermeiden, sollt Ihr beim Üben immer wieder das Erlebnis haben: Es geht gut, exakt so wie es sein soll!!!! Hierzu ist es sehr wichtig, den Schwierigkeitsgrad immer so einzustellen, dass Ihr absolut fehler- & stressfrei spielen könnt. Verwendet dazu die hier genannten Methoden:

-erst einzeln üben / Fingersatz

-langsames Tempo

-angenehme Gedächtnisportion

Auch innere Kämpfe, Stress, unnötige Suchbewegungen und Fingersatzfehler oder nur Irritationen können wie die Fehler mit den selben Methoden bearbeitet werden. Beobachte wie sie durch entspanntes, fehlerfreies Üben milder werden und verschwinden. Das motorische Gedächtnis arbeitet viel schneller, stressfreier und zuverlässiger, wenn Ihr Eurem Körper immer nur den guten, harmonischen, fehlerfreien Bewegungsablauf anbietet.

Bei Kontrollproblemen und verwaschenem Klangbild: auf exaktes Ablösen der Finger achten, Finger 4-5 weniger schief belasten, Pedalfehler. Bei Anspannung und Timingproblemen hilft es langsam, locker staccato zu üben und langsam zum Legatospiel zurückzukehren. So wird die Hand gelockert und man sich der einzelnen Impulse eher bewußt.

Problemlösungen:

Falls trotz Beachtung der Tipps zur Körperhaltung und dieser Übetipps dauerhafte Verspannungen und Kontrollprobleme auftreten, kann das folgende Ursachen haben:

-Schlechter Fingersatz: unnötige Sprünge & Suchbewegungen. Der Daumen soll nur selten auf schwarze Tasten genommen werden. Weil er kürzer ist zwingt er die Hand nach vorne zwischen die schwarzen Tasten, was ungünstig ist.

-Wenn Daumen oder kleiner Finger mal auf eine schwarze Taste müssen, kommt es oft zum Vor- und Zurückrutschen auf einem Finger, dies führt zu einem Spielgefühl wie auf Glatteis. Lösung: Vor- und Rückwärtsbewegungen sollen als Schritte auf mehrere Finger verteilt werden).

-Armimpulse auch bei schnellen Passagen sind möglich, die Mischung von zu großen, groben (Arm- / Handgelenk) und kleinen, schnellen (Finger-) Bewegungen kann aber auch zu Kontroll- und Timingproblemen führen (z.B. passive `Karatetechnik´ für den kleinen Finger). Hierbei wird oft das ganze Handgelenk gekippt. Die anderen Finger sind dann nicht mehr einsatzbereit bis das Handgelenk wieder waagerecht ist. Lösung: aktive kleine Bewegung des kleinen Fingers und Beachten der Bogenstatik, vermeide das Abkippen des Handgelenks.

-Unabhängigkeitsprobleme (rechte, linke Hand, Füße, ...): man sollte dann Unabhängigkeits - Übungen z.B. mit einem Akkord und einer Tonleiter machen:
z.B. Die Linke Hand spielt langsam das Begleitmuster des Stückes auf einem Akkord. In der rechten Hand spielt man dagegen die Tonleiter in Halben, dann in Vierteln , Achteln, (Sechzehnteln, Viertel- & Achteltriolen).

-bei Timingproblemen hilft es staccato zu üben und langsam zum Legatospiel zurückzukehren. So wird man sich der einzelnen Impulse eher bewusst.

-bei rhythmischen Leseproblemen: Noten in der Mitte des Doppelsystems für beide Zeilen geltend beschriften (bei Achteln 1 + 2 + 3 + 4 +, bei Sechzehnteln 1 e + e 2 e + te, ...) laut zählen. Um vom Zählen wegzukommen: Schlagen der Viertel (od. Achtel mit dem linken Fuß).

Hörbeispiele, Playalongs & Gehörtraining

MODERN PIANO SCHOOL III **CD** (separat) / **ISBN: 978-3-947071-05-0**

Die CD beinhaltet die wichtigsten
Stücke, Beispiele, Playalongs & **Gehörtraining.**

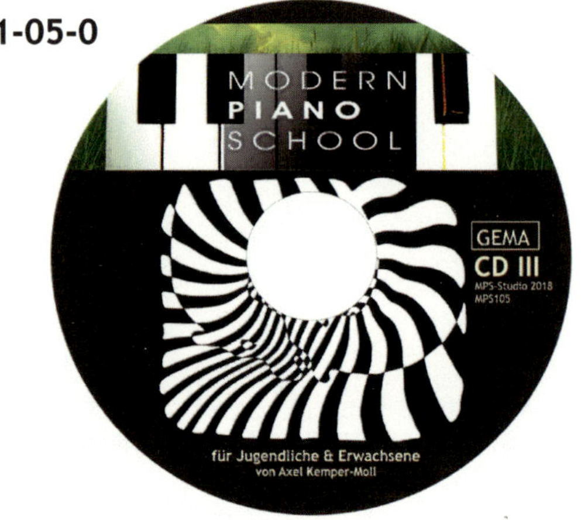

od. Downloadinfos, DEMOVIDEO
& feedbacks, ... unter: www.modern-piano-school.de
mail an: kemper-moll@modern-piano-school.de
Andere sehr bekannte Stücke findet man auf Youtube, ...

Begleitung mit Quinten & Sexten (S.23-28)

1. Michael row the Boat ashore
2. And so it goes (Billy Joel) akkordische „Improvisation"

3. Summertime / klassisch
4. Summertime / Jazz (Band) & Playalong 7x
5. Summertime / Jazz (Band) & Playalong 7x slow

One-Hand-Voicings (S. 30 & S. 36-37)

Die wichtigsten Improvisationsvorübungen für
Jazz & Pop, One Handvoicings + Tonleiter (S. 36-37)
6. Kette 6 x II V I-Verbindungen
7. Kette 6 x II V I-Verbindungen

Twohandvoicings (S. 38-45)

8. Oh happy Day/ Pop-Pattern, Blues
9. Two-Hand-Voicings „im Stil von James Brown"

Beautiful Love / *SALSA*! (s. S. 40-43)

10. Beautiful Love, Komplett, Level A/B/C/C2, nach p-solo: Latinpattern + Variation (S. 42) & Montuno (S. 43): A / A´/ B & C + mehrstimmige Variation
11. Beautiful Love, Playalong SALSA!! (Bass auf 2 + & 4) 3 | 2 Clave (Holz), 4/4 & 2 | 3 Clave
12. Beautiful Love,Playalong slow 150

13. Durchgangsakkorde: X/3,V/3, I/5, V/7 (s. S. 74)

Die Intervalle (s. S.16)
Grundtonbezogenes Hören + Liedanfänge

14. 1 (reine Prime): stabil, „zuhause", tonales Zentrum
15. b2 (kl. Sekunde)
16. 2 (gr. Sekunde)
17. b3 (kl. Terz) -> 1
18. 3 (gr. Terz) -> 1
19. 4 (reine Quarte) -> b3 -> 1
20. #4 (Tritonus) -> 5 -> 1
21. 5 (reine Quinte) / „Sprungbrett", (Jesusfilm) 5 -> 8 (1)
22. b6 (kl. Sexte) -> 5 ->1
23. 6 (gr. Sexte) -> 5 -> 8 od. Nobody knows the trouble
24. 7 trad. V7 & Funkgit.„Unter Wasser" 7 -> 8 „über Wasser"
25. maj7 (gr. Septime) -> 8
26. 8 (reine Oktave) stabil, „zuhause", tonales Zentrum

27. b9 (kl. None) -> 8
28. 9 (gr. None) „wie schweben"
29. b10 (kl.Dezime)-> 9 -> 8, Blues: b10 -> 8 od. Bachmenuett
30.10 (gr. Dezime) Swing Low weit: + 8
31.11 (reine 11) Kirchenschluss Melodie ab & aufwärts
32. #11 -> (5 /) 12 dann 5 Sprungbrett -> 1 Grundton
Auflösung beider Töne nach außen/ innen
33. 12 (reine Duodezime)/ Jesusfilm/ weit
34. b13 (kl. Tredezime) Kirchenschluss/ Moll Melodie abwärts
35. 13 (gr. Tredezime) Kirchenschluss/ Dur Melodie abwärts

GEHÖRTRAINING in 3 Gruppen / verwandte Intervalle

36. Dissonante Intervalle (b)2, #4, (maj)7, (b)9, #11
37. Dissonant Mix (Lösung s.u.)

38. Reine Intervalle: 1, 4, 5, 8, 11, 12
39. Reine Intervalle Mix (Lösung s.u.)

40. (b)3, (b)6, (b)10, (b)13
41. Terzen, Sexten, (b)10, (b)13 Mix (Lösung s.u.)

42. MIX: Alle Intervalle (Lösung s.u.)

Lösungen

37. Dissonant: #4, b9, maj7, b2, #4, 7, 9, b9, #11, 7, b2, 9
39. Reine: 5, 8, 4, 11, 1, 12, 4, 1, 5, 12, 4, 8, 5
41. Terzen...Mix:b6, b3, b10,6,3,b13,10,13,b6,b3, b10
42. Alle: #4, b6, 5, b9, maj7, 4, b2, 11, #4, 12, 7, b3, 8, 6, 1, b13, 4, b10, 3, 10

GEHÖRTRAINING KONTEXT-/ GRUNDTONBEZOGEN (s. S.16)

43. Born to be Moll / Am-Blues singe abwechselnd Quinte (e) „Sprungbrett" & Grundton (a: 8/Grundton „Zuhause"): wichtigste Orientierungspunkte

ÜBUNG: „Triff den ersten Ton!" (beim Improvisieren, Arrangieren, ...)

44-48 Identifiziere Töne nach Auflösungstendenz & Weg „nach Hause" -> Grundton a (weniger Liedanfänge)

Lösungen

44. 9 ("Schweben") -> 8
45. maj7 -> 8
46. b6 -> 5 ("Sprungbrett" nach oben) -> 1
47. Blues 4 -> b3 -> 1 (od. 4 -> 5 -> 1)
48. 7 wie „Funkgitarre unter Wasser" 7-> 8 „über Wasser"